よくわかる
図画工作科
なっとく
新 学習指導要領
授業への生かし方

JN256087

開隆堂

はじめに

　平成29年3月31日に小学校学習指導要領が告示されました。これまでも社会の変化に対応して，そこで求められる学校教育の目標と内容が学習指導要領の改訂を通して見直されてきましたが，今回の改訂に当たっては，平成26年11月より中央教育審議会にて新しい時代にふさわしい学習指導要領の在り方について審議されました。そして，その答申において「社会に開かれた教育課程」の実現を目指し「学びの地図」としての役割を果たすことができる学習指導要領としてその枠組みの改善と，教育活動の質の向上を図る「カリキュラム・マネジメント」の確立などが求められています。

　これらを踏まえ，新しい学習指導要領は，平成30年4月1日からの移行措置を経て，平成32年4月1日から全面実施となります。

　実際には，学習指導要領が改訂されたことによって，現行のものと何がどのように変わったのか，指導の上で具体的に何に留意していけばよいのか，日々学校現場において授業実践に取り組む先生方にとっては，たいへん気になるところです。

　しかし，今回の改訂で先生方に求められていることは，教科としての目標を大きく方向転換するとか，これまでと全く異なる指導方法を導入しなければならないということではありません。

　新しい学習指導要領では，これまで実践されてきた図画工作科としての学びを教科の学習を通して育成を目指す資質・能力の側面から整理し，今日的な課題を踏まえながら構造化されていることを理解することが大切です。そして，この資質・能力は①知識及び技能，②思考力，判断力，表現力等，③学びに向かう力，人間性等の三つの柱で示されました。

　また，「アクティブ・ラーニング」の視点からの授業改善として「主体的・対話的で深い学び」の実現が重要とされています。これは，三つに整理された資質・能力を身に付け，様々な課題の対応に生かせることを実感できるような学びの深まりを目指して，学びの質に着目した授業改善に取り組もうとするものです。この授業改善を図るにあたっては，各教科固有の「見方・考え方」を働かせることを深い学びへつながるものとして重視しています。図画工作科では，これを「造形的な見方・考え方」として，知性と感性を共に働かせて対象や事象を捉えることを大切にしています。

　本書では，以上のような事項についての解説とともに，現場の先生方の疑問に答えるQ&Aや具体的な学習展開例を紹介していくことで，先生方が新しい学習指導要領をより豊かな授業実践へとつなげられることを願っています。

　本書では，適宜学習指導要領本文やいわゆる解説書の言葉を用いて解説しています。
　解説書 と記載があるものは「小学校学習指導要領解説 図画工作編」を指しています。

もくじ

第1章
全体の構成と改訂のポイント

①改訂の基本的な考え方

②資質・能力としての三つの柱

③主体的・対話的で深い学び

④カリキュラム・マネジメントと造形的な見方・考え方

⑤三つの資質・能力から整理された「目標」

⑥資質・能力から整理された「内容」

⑦〔共通事項〕として育まれる資質・能力

⑧指導計画の作成

⑨言語活動の充実

⑩材料や用具の取扱い

⑪版に表す経験や土を焼成して表す経験

⑫情報機器の活用と留意点

⑬地域の美術館などの利用や連携

⑭鑑賞の環境づくり

⑮幼児教育との関連

⑯道徳教育との関連

①改訂の基本的な考え方

1．社会に開かれた教育課程の実現

　今回の学習指導要領の改訂においては，各教科の学習を資質・能力の側面から整理し，構造化していることが特徴として挙げられますが，その根底には「社会に開かれた教育課程」の実現という考えがあります。そして，この「社会に開かれた教育課程」では，「よりよい学校教育を通じてよりよい社会を創るという目標を学校と社会が共有し，連携・協働しながら，新しい時代に求められる資質・能力を子供たちに育む」ということが期待されています。

　学習指導要領等の改善を図ることを目的として議論が行われた中央教育審議会の答申では，上記の考えを基に，その枠組みを改善するため，次の六つの事項を示しています。

①「何ができるようになるか」（育成を目指す資質・能力）
②「何を学ぶか」（教科等を学ぶ意義と，教科間・学校段階間のつながりを踏まえた教育課程の編成）
③「どのように学ぶか」（各教科等の指導計画の作成と実施，学習・指導の改善・充実）
④「子供一人一人の発達をどのように支援するか」（子供の発達を踏まえた指導）
⑤「何が身に付いたか」（学習評価の充実）
⑥「実施するために何が必要か」（学習指導要領の理念を実現するために必要な方策）

　このことは，学習指導要領等が学校，家庭，地域において共有できる「学びの地図」になることを求めているのです。

2．生きる力の具体化としての資質・能力

　今回の改訂では，これまでも学校教育が育成を目指してきた「生きる力」をより具体化し，三つの柱として資質・能力で整理しました。そして，新しく示された学習指導要領の枠組みは，図画工作科のみならず全ての教科において共通したものです。これは，各教科においてどのような資質・能力を培うかということを明確にしようとしているのです。この各教科において育成を目指す資質・能力は，次の三つで示されました。

①知識及び技能
②思考力，判断力，表現力等
③学びに向かう力，人間性等

　このことは，学校教育において培うべき学力を資質・能力として問うたとき，それがなぜ図画工作科という教科で培われなければならないのかという必然性が問われていることでもあるのです。

　これらのことを踏まえ，新しい学習指導要領を基に授業を通して図画工作科だからこそ可能となる学びの姿を実現させていきたいものです。

3．図画工作科に求められること

中央教育審議会答申においては，これまでの図画工作科の学習について，その成果として「創造することの楽しさを感じるとともに，思考・判断し表現するなどの造形的な創造活動の基礎的な能力を育てること」と「生活の中の造形や美術の働き，美術文化に関心をもって，生涯にわたり主体的に関わっていく態度を育むこと」の二つを挙げています。

また，さらに充実が求められる課題としては「感性や想像力等を豊かに働かせて，思考・判断し，表現したり鑑賞したりするなどの資質・能力を相互に関連させながら育成することや，生活を美しく豊かにする造形や美術の働き，美術文化についての実感的な理解を深め，生活や社会と豊かに関わる態度を育成すること」を求めています。

これらを受けて図画工作科は学習指導要領の改訂において次のような基本的な考え方を学習指導要領解説の中で示しています。

・表現及び鑑賞の活動を通して，生活や社会の中の形や色などと豊かに関わる資質・能力を育成することを一層重視し，目標及び内容を改善する。
・造形的な見方・考え方を働かせ，表現及び鑑賞に関する資質・能力を相互に関連させながら育成できるよう，目標及び内容を改善・充実する。

この基本的な考え方を基に，図画工作科の目標と内容は前述した育成を目指す三つの資質・能力から整理し直されることとなりました。具体的には，目標は資質・能力ごとに三つに分けて示され，

内容では「A表現」の項目として「発想・構想」と「技能」の二つが示され，それぞれに「造形遊び」と「絵，立体，工作」の事項が設けられています。詳しくは，また後ほど説明します。

4．カリキュラム・マネジメントの推進

カリキュラム，いわゆる教育課程とは端的に言ってしまうと学校の教育計画であり，その編成主体は各学校です。カリキュラム・マネジメントとは，各学校において学校教育目標を実現するために，学習指導要領に基づき教育課程を編成，実施し，そしてそれを評価，改善していくことです。

カリキュラム・マネジメントは，これまでも各学校において積み重ねられてきたものですが，今回の改訂では特に「社会に開かれた教育課程」の実現を通して子供たちに必要な資質・能力を育成することを目指し，その取組に努めることが求められています。

ここでは，他の教科と共に図画工作科としても育成すべき資質・能力を基に教育活動の質を向上させていくことが大切となってきます。

②資質・能力としての三つの柱

1.流行の中に求められる不易としての資質・能力

　新しい学習指導要領において前面に掲げられていることの一つに，子供たちの資質・能力を育むということがあります。では，なぜ今，資質・能力なのでしょうか。

　学習指導要領は，これまでも多様に変化する社会状況とそこに求められる教育的な課題に対して，それに応えられるものとして改訂がなされてきました。現行の学習指導要領ではそこで必要とされる力として「生きる力」が示されています。かつて中央教育審議会答申ではこの「生きる力」を「変化が激しく，新しい未知の課題に試行錯誤しながらも対応することが求められる複雑で難しい次代を担う子供たちにとって，将来の職業や生活を見通して，社会において自立的に生きるために必要とされる力」（平成20年1月17日中央教育審議会答申）と説明しています。つまり，変化の激しいこれからの社会を生きていくために必要な資質・能力の総称として「生きる力」を位置付けているのです。

　そして，今回の改訂においては，この「生きる力」の理念を具体化することで資質・能力として整理し，示しているのです。このことは，激しい社会の変化を流行とするならば，その中で未来を切り拓いていくための力としての資質・能力を不易のものとして子供たちに育成していこうとすることでしょう。

　造形的な表現活動における子供たちをとりまく環境に目を向けてみると，そこにはかつてはなかった多様な表現の存在を見ることができます。図画工作科の授業では，デジタルな表現を含め，テクノロジーの進化に伴う表現の可能性を子供の学びにどのように生かしていくのかという課題も生まれてきています。また，同時に造形的な活動の根底にあるものや人と直接的に関わることから発想を広げたり，技能を獲得したりしていく姿を見失わないということはこれまで以上に大切になってくるでしょう。このことは，まさに図画工作科において流行と不易を見据えていくことでもあるのです。

2.教科に求められる「何ができるようになるか」

　今回の中央教育審議会答申（以下答申）では，育成を目指す資質・能力について学習指導要領等の改善を図るための六つの事項のうちの「何ができるようになるか」として示しています。つまり，教育課程を通して子供たちができるようになる力として育成を目指す資質・能力を明らかにしていくことが求められているのです。そして，答申ではこの資質・能力を大きく次の三つに分類しています。

・教科等の枠組みを踏まえながら，社会の中で活用できる力（例：国語力，数学力）
・教科等を越えた全ての学習の基盤として育まれ活用される力（例：言語能力，情報活用能力）

・子供たちが現代的な諸課題に対応できるように
　なるために必要な力（例：持続可能な社会づく
　りのための力）

　そして，これらの資質・能力は全てを視野に入
れて育まれていくことが必要であるとしていま
す。つまり，各教科等で学ぶ意義を明確にし，各
教科において育む資質・能力を明確にするととも
に，各教科間のつながりや現代的な課題への対応
が求められているのです。

　このような資質・能力についての基本的な考え
を基に，新しい学習指導要領では資質・能力の三
つの柱が位置付けられました。また，この三つの
資質・能力は各教科共通の柱として，それぞれの
教科の目標と内容の中で整理されています。

　このことは教科の立場で見たとき，資質・能力
を三つの柱として体系化された教育課程の中で，
図画工作科は何を担っていくのかということを明
らかにしていかなければならないということで
す。そのためにも，これまでに図画工作科の授業
を通して大切にしてきた子供の学びのエッセンス
を三つの資質・能力に整理し，位置付けていくこ
とが重要となりました。

　そして，それを踏まえて授業が計画され，具体
的な指導の手立てが検討されることになります。

3. 三つの資質・能力の意味するもの

　教育課程においては，この資質・能力が重要な
骨組みとして機能していくことが期待されていま
すが，資質・能力が三つの柱として整理された背
景には，海外の事例やカリキュラムに関する先行
研究の分析とともに，学校教育法第30条第2項
が定める学校教育において重視すべき三要素（「知
識及び技能」「思考力・判断力・表現力等」「主体
的に学習に取り組む態度」）の存在があります。

　そして，今回以下の三つの柱として示された資
質・能力には，それぞれ次のような力が含まれる
ことを意味しています。

①知識及び技能

　ここでの「知識」とは，個別の事実的な知識の
みを指しているのではありません。それは生きて
働く知識として，相互に関連付けられた概念的な
知識であることを意味しています。答申では，芸
術系教科・科目の知識において重要なこととして
次の点を挙げています。

・一人一人が感性などを働かせて様々なことを感
　じ取りながら考え，自分なりに理解し，表現し
　たり鑑賞したりする喜びにつながっていくもの
　であること。

・体を動かす活動なども含むような学習過程を通
　じて，個別の感じ方や考え方に応じ，生きて
　働く概念として習得されることや，新たな学習
　過程を経験することを通じて更新されていくこ
　と。

　図画工作科における具体的な活動の姿として
は，後の「⑦〔共通事項〕として育まれる資質・
能力」のところでも詳しく解説していきます。

　「技能」については，一定の手順や段階を追っ
て身に付く個別の技能だけではなく，変化する状

況や課題に応じて主体的に活用できる技能として習熟・発達していくものであることが重要となります。

これは，これまでも図画工作科で大切にされてきた「創造的な技能」の考えと重なるものです。

つまり，一方的に与えられることによって子供が獲得するものではなく，活動を通して様々な関係の中から獲得される力として捉えているのです。そして，この技能は獲得されるだけではなく，異なる活動の場面においても活用されることが期待されるものとなります。

②思考力・判断力・表現力等

答申では，思考・判断・表現において重要なこととして次の点を挙げています。

・新たな情報と既存の知識を適切に組み合わせて，それらを活用しながら問題を解決したり，考えを形成したり，新たな価値を創造していくために必要となる思考。

・必要な情報を選択し，解決の方向性や方法を比較・選択し，結論を決定していくために必要な判断や意志決定。

・伝える相手や状況に応じた表現。

図画工作科では，この資質・能力を発想したり構想したりすることや自分の見方や感じ方を深めることとして捉え，表現と鑑賞の学習を通して育成する創造的な思考力・判断力・表現力等として示しています。

③学びに向かう力・人間性等

「学びに向かう力・人間性等」は，「知識及び技能」や「思考力・判断力・表現力等」をどのような方向性で働かせていくかを決定付ける力となります。そこには，情意や態度等に関することも含まれ，答申ではそれらを育んでいくための重要なこととして次のような点を挙げています。

・主体的に学習に取り組む態度。

・自らの思考の過程等を客観的に捉える力。

・多様性を尊重する態度と互いのよさを生かして協働する力。

図画工作科では，これらのことを「創造しようとする態度」や「豊かな情操」といった生き方にもつながるものとして示しています。

4．資質・能力の関係性

三つの柱として整理された資質・能力は，決して別々に分けて育成したり，順序性をもって育成したりするものではありません。これらは，相互に関連し合い，一体となって働く性質があるからです。「知識及び技能」を育成するためには，「思考力・判断力・表現力等」と「学びに向かう力・人間性等」の育成が必要となり，また「思考力・判断力・表現力等」と「学びに向かう力・人間性等」の高まりは，「知識及び技能」の高まりにもつながるのです。

新しい学習指導要領では，このことを踏まえて図画工作科の目標と内容における三つの資質・能力の位置づけを見ていく必要があります。(右図)

教科の目標と学年の目標及び内容構成の関連（「小学校学習指導要領解説図画工作編」より）

教科の目標		学年の目標（2学年ごと）	内容の構成（2学年ごと）			
					項目	事項
表現及び鑑賞の活動を通して，造形的な見方・考え方を働かせ，生活や社会の中の形や色などと豊かに関わる資質・能力を次のとおり育成することを目指す。	(1)「知識及び技能」に関する目標	(1)各学年における，「知識及び技能」に関する目標	領域	A表現	(1)表現の活動を通して，発想や構想に関する次の事項を身に付けることができるよう指導する。	ア 造形遊びをする活動を通して育成する「思考力，判断力，表現力等」 イ 絵や立体,工作に表す活動を通して育成する「思考力，判断力，表現力等」
	(2)「思考力，判断力，表現力等」に関する目標	(2)各学年における，「思考力，判断力，表現力等」に関する目標			(2)表現の活動を通して，技能に関する次の事項を身に付けることができるよう指導する。	ア 造形遊びをする活動を通して育成する「技能」 イ 絵や立体,工作に表す活動を通して育成する「技能」
	(3)「学びに向かう力，人間性等」に関する目標	(3)各学年における，「学びに向かう力，人間性等」に関する目標		B鑑賞	(1)鑑賞の活動を通して，次の事項を身に付けることができるよう指導する	ア 鑑賞する活動を通して育成する「思考力，判断力，表現力等」
			〔共通事項〕		(1)「A表現」及び「B鑑賞」の指導を通して，次の事項を身に付けることができるよう指導する。	ア 「A表現」及び「B鑑賞」の指導を通して育成する「知識」 イ 「A表現」及び「B鑑賞」の指導を通して育成する「思考力，判断力，表現力等」

③主体的・対話的で深い学び

1．アクティブ・ラーニングの視点から

「主体的・対話的で深い学び」については，学習指導要領等の改善の六つの事項の一つとして位置付けられたものです。ここでは，かねて取り上げられていた「アクティブ・ラーニング」の視点からの授業改善として，三つの資質・能力を身に付け，様々な課題に対応できるような学びの深まりを目指し，学びの質に着目した授業改善に取り組むことを求めているのです。

この学びの質を高めるための授業改善では，教育現場におけるこれまでの学習・指導方法を否定しているのではありません。また，そこに特定の方法を必要としているのでもなく，これまでの優れた教育実践の蓄積を基に，授業の工夫・改善の取り組みを進めていくことを求めているのです。

つまり，学習活動を子供の自主性だけに委ねたり，教員が画一的な指導方法をマニュアルとして用いたりしていくことでは，学びの質を高めるための授業改善は実現しないのです。そこにはまさに学校教育現場における授業研究の成果が生かされていくことが期待されています。

そして，このことによって子供たちが，自らの個性に応じた学びを実現し，生涯にわたりアクティブに学び続けていくことから未来を切り拓いていく資質・能力を身に付けることにつなげていこうとしているのです。

2．改善に向けての三つの視点
①主体的な学び

「主体的・対話的で深い学び」における「主体的な学び」には，子供自身が興味をもって学習に積極的に取り組むということにとどまらず，その目的を認識し，学習への振り返りと見通しをもって活動に取り組むことが大切です。

図画工作科では，子供一人一人が意欲的に活動を積み重ねて，つくりだす喜びを味わいながら最後までやり遂げることが重要となります。そして，その中で資質・能力を十分に働かせるために，これまでの経験を生かしたり，自分の活動を確かめ，振り返ったりする機会を具体的に設定することが大切です。

②対話的な学び

「対話的な学び」では，自分と異なる考え方に触れたり，向き合ったりすることによって自分の考え方を形づくったり，広げたり，深めたりする

ことが重要です。そのためには，まずは材料や場所，作品と向き合うことを通して自分との対話を大切にするとともに，友達と互いの活動を見合いながら感じたことや思ったことを話したり，考えたことを伝え合ったりすることが大切になってきます。

さらにこの対話の対象は，友達や教員だけではなく，保護者や地域，社会の人との交流へと充実させていくことが考えられます。

③深い学び

「深い学び」では，身に付けた資質・能力が活用・発揮されていくことでさらに伸ばされたり，新たな資質・能力が育まれたりしていくことが重要です。

そのためには，活動において育成する資質・能力を明らかにし，表現したり鑑賞したりする資質・能力を相互に関連して働かせることが可能な活動を通して，子供自らがつくり，つくりかえ，つくるという学習過程を大切にすることが必要です。そのことによって子供が自らの課題として表した

いことやつくりたいことを見つけ，造形的な創造活動に取り組むことへとつながるのです。

学習活動においては，この三つの学びが互いに関わりながらバランスよく実現していくように授業を改善し，指導計画を作成していくことが大切です。なぜならば，「主体的な学び」「対話的な学び」「深い学び」の三つの視点は，子供の学びの過程としては一体となって実現されるものだからです。

また，一方で授業改善の側面からは，それぞれの視点から授業を把握し，改善していくことが必要です。

各教科においてこの授業改善を図るには，特に深い学びにつながるものとして各教科固有の「見方・考え方」を重視しています。

これは，それぞれの教科等ならではの物事を捉える視点や考え方です。図画工作科では，これを「造形的な見方・考え方」として，学習指導要領解説において「感性や想像力を働かせ，対象や事象を，形や色などの造形的な視点で捉え，自分のイメージをもちながら意味や価値をつくりだすこと。」として説明しています。

この「造形的な見方・考え方」の特徴は，知性と感性を共に働かせて対象や事象を捉えることです。身体を通して知性と感性を融合させながら対象や事象を捉えていくことが，他教科以上に図画工作科が担っている学びの核となるものなのです。

④カリキュラム・マネジメントと 造形的な見方・考え方

1．カリキュラム・マネジメントの三つの側面

　カリキュラム・マネジメントとは，簡潔に言うならば学習指導要領に基づき教育課程を編成し，それを実施，評価して改善していくことです。

　そして，その主体となるのは各学校であり，学校教育目標を実現するために，子供たちを始め，学校や地域の実態を踏まえた上で進められていくものです。

　新しい学習指導要領では，このカリキュラム・マネジメントを改訂のポイントとして大きく取り上げており，各学校教育現場においては具体的にどのように取り組んでいくかが重要な課題となってきます。

　カリキュラム・マネジメントについて，先の答申では次の三つの側面から捉えています。

①各教科等の教育内容を相互の関係で捉え，学校教育目標を踏まえた教科等横断的な視点で，その目標の達成に必要な教育の内容を組織的に配列していくこと。
②教育内容の質の向上に向けて，子供たちの姿や地域の現状等に関する調査や各種データ等に基づき，教育課程を編成し，実施し，評価して改善を図る一連のPDCAサイクルを確立すること。
③教育内容と，教育活動に必要な人的・物的資源等を，地域等の外部の資源も含めて活用しながら効果的に組み合わせること。

　①からは，カリキュラム・マネジメントが各教科の中だけでなされるものではないことが分かります。教科や学年を越えて学校全体で取り組んでいくものとして捉える必要があります。そのためにも，教職員の共通理解と取組が求められるのです。

　また，同時に教科等横断的な取り組みとは，安易に教科の枠を取り外すことではないことにも注意する必要があります。

　なぜならば，各科教科共通の柱として三つの資質・能力の育成を目指す新しい学習指導要領では，まずは各教科において，どのような資質・能力を育むのかということを明確にし，それを学校全体が共有することで初めて各教科間のつながりや新たな試みが見えてくるからです。

　そのことによって初めて「何を学ぶか」という教育の内容と，「何ができるようになるか」という資質・能力の両軸からの教育課程全体の構造化が図られるのです。

　②に示されているPDCAサイクルは，Plan（計画），Do（実施），Check（評価），Action（改善）の循環であり，これまでも学校評価の取組において用いられてきたものです。教育課程と学校運営の改善と充実を目指す学校評価としても，資質・能力の育成という観点からのカリキュラム・マネジメントの実現が重要になってくることは言うまでもありません。そして，特にここで大切なことは，計画を立てるだけでなく，その実践を丁寧に

評価し，改善していくことです。逆に言うならば，実践に対する評価を基に生まれてきた計画こそがこのサイクルをスパイラルに高めていくことにつながるのです。

　③では，子供たちにどのような資質・能力を育むのかという目標について学校と家庭や地域とが共有することが大切になってきます。

　そして，共有された教育目標の実現のために，それぞれの立場からの教育的効果を発揮することによって，教育の質的向上を図ることが重要なのです。そのためには，人材や予算，時間，情報といった人的，物的な資源の実態を具体的に把握して，教育課程の編成に生かしていくことが大切です。

　これからの学校には，以上のような側面からのカリキュラム・マネジメントを推進し，学校教育目標を達成できるよりよい教育課程を実現していくことが求められているのです。

２．学びの核としての見方・考え方

　カリキュラム・マネジメントとして示された学びの質の向上を目指した教育課程の改善とともに，授業の改善として求められた学びの姿が，「主体的・対話的で深い学び」です。

　そして，この学びの過程において，「どのような視点で物事を捉え，どのような考え方で思考し

ていくのか」という「見方・考え方」は，教科それぞれの学習の特質が表れるものとして，その教科をなぜ学ぶのかという意義の核をなすものとして重視されています。

　そして，この「見方・考え方」は子供たちが大人になって生活していく上においても生きて働いていくものとして期待されています。

　したがって，この教科固有の「見方・考え方」を明らかにし，「主体的・対話的で深い学び」につながる授業改善の取組を活性化していくことは，教科の独自性と教科間の関連を図るカリキュラム・マネジメントにおいても重要となってくるのです。

　図画工作科では，これを「造形的な見方・考え方」として知性と感性を共に働かせて対象や事象を捉えることを重視していることは，前述したとおりです。

　そして，この「造形的な見方・考え方」では，形や色などの造形的な視点をもって自分と対象や事象との関わりを深めていくことから，自分にとっての意味や価値をつくりだしていくことを大切にしています。つまり，図画工作科では，結果としての作品だけではなく，表現及び鑑賞の活動を通した様々な関わりの中から，新たな意味や価値をつくりだしていくことに教科としての本質があるのです。

⑤三つの資質・能力から整理された「目標」

新しい学習指導要領では，各教科の目標が共通に三つの資質・能力から整理され，それぞれを柱として示されました。このことによって「知識及び技能」，「思考力・判断力・表現力等」，「学びに向かう力・人間性等」について，教科の特質を踏まえつつ教科を越えて捉えていくこともできるようになったのです。

図画工作科では，教科の目標を次のように示しています。

> 表現及び鑑賞の活動を通して，造形的な見方・考え方を働かせ，生活や社会の中の形や色などと豊かに関わる資質・能力を次のように育成することを目指す。
> (1)対象や事象を捉える造形的な視点について自分の感覚や行為を通して理解するとともに，材料や用具を使い，表し方などを工夫して，創造的につくったり表したりすることができるようにする。
> (2)造形的なよさや美しさ，表したいこと，表し方などについて考え，創造的に発想や構想をしたり，作品などに対する自分の見方や感じ方を深めたりすることができるようにする。
> (3)つくりだす喜びを味わうとともに，感性を育み，楽しく豊かな生活を創造しようとする態度を養い，豊かな情操を培う。

1. 活動を通して学ぶ教科として

子供たちは，幼児期から身近な人や様々なものとの関わりを基に成長していきます。

そこでは，体全体で対象や事象に触れ合い，感覚や行為を通してそれらへの理解を深めています。

また，そこには子供自身の表現への欲求につながる芽を見ることができるでしょう。

図画工作科における学びでは，このような様々なものやこととの関係性の中から生まれてくる活動を大切にし，そこで培われる資質・能力を教科の目標として三つの柱で整理しています。

そして，図画工作科ではこの学習活動を表現及び鑑賞の活動として，感じたことや想像したことなどを造形的に表す表現と，作品などからそのよさや美しさなどを感じ取ったり考えたりし，自分の見方や感じ方を深める鑑賞の二つで捉えています。

この表現と鑑賞は，それぞれが独立したものとしただけではなく，互いに働きかけ合い，一体的に高まっていく活動でもあります。

また，教科の目標の中で示されている「造形的な見方・考え方」については，先に解説したとお

り，教科としての学びの核となるものです。活動を通して，この造形的な見方・考え方を働かせることは，作品をつくるということともに，自分にとっての意味や価値をつくりだすことにつながるものとして重要です。

そして，このことは児童が図画工作科の学習活動を通して自分自身をつくりだしていくということでもあるのです。

三つの資質・能力を基に（1），（2），（3）として示された目標は，その実現のためには相互に関連させながら，その育成を図る必要があります。

また，初めて新しい学習指導要領を見たとき，（1）として一番始めに「知識及び技能」が示されていることに違和感をもたれた方もいるかもしれません。

しかし，これは決して（1）から（2）へ，そして（3）へというような順序性をもつものではありません。たとえば，子供たちにとって知識や技能の習得は，学習活動の様々な場面に存在し，また，そのことが活動の質を深めていくことにもつながるからです。

そして，目標の（1），（2），（3）のそれぞれに「創造」という文言が位置付けられていることも教科として大切にしたいところです。

三つの資質・能力のどの柱においても児童の創造性を重視することから，図画工作科の学習が児童にとっての造形的な創造活動になることを目指しているのです。各学年の目標では，（2）に関しては高学年のみに「創造」を位置付け，低学年では「楽しく…」，中学年では「豊かに…」と示すことで高学年につなげています。

2．生きて働く知識と技能

目標の（1）は，「知識及び技能」に関する目標を示しています。

ここで求められる知識は，既に触れたように個別の事実的な知識のみを指してはいません。与えられたばらばらの知識として蓄積されていくものだけではなく，様々な関わりの中から子供によって主体的に習得され，理解されていくものを重視しているのです。そして，その過程において必要となるものが「造形的な視点」と「自分の感覚や行為」です。造形的な視点とは，材料や作品，出来事などを捉えるときの「形や色など」，「形や色などの感じ」，「形や色などの造形的な特徴」であり，それらを視覚や触覚などの感覚や実際に手で触れたり，動かしたりする行為を通して理解していくことが，生きて働く，つまり活用できる知識として習得することにつながるのです。

そしてまた，技能について求められていることも，知識と同様に単独で取り出されて身に付けていくことではありません。次の言葉は，児童が自分の活動を振り返って書いたものです。

「えのぐでかいたふでを水につけて，そのしずくをたらすととてもきれいだった。」

この振り返りから読み取れることは，児童が絵の具と筆を使い，その特性を生かしながらいろいろと試してみることから，自分なりの表し方を工夫している児童の姿です。ここには与えられた方法をなぞるということではなく，まさに自らが活動の中から気付いた工夫を技能として身に付け，創造的に表していくことへの喜びと期待を見ることができます。

次の写真は，児童が金づちを使って木に釘を打っている様子です。

　ここでは，釘を打つ感触を感じ取りながら金づちが奏でるリズミカルな音を聴き取り，その扱いに慣れ親しんでいます。このことは，身体を通して技能を身に付けている姿として捉えることができます。また，そこでは，児童自身のこのように表したいという願いが，自らの創造的な技能を伸ばしていくことにつながっているといえます。

３．発想や構想と動的なイメージ

　目標の（2）は，「思考力・判断力・表現力等」に関する目標を示しています。

　ここでは，造形的な活動において新しいものやことをつくりだしていくために発想したり，構想したりすることを求めています。

　この創造的な発想の基には，材料がもつ形や色などや，切ったり組み合わせたりするなどの造形的な操作，自らの願いや経験などが考えられ，そこから想像を膨らませていくことが期待されます。そして，発想とともに，どのように活動したり表したりするかを自分なりの見通しをもって構想していくことも大切になります。これらの過程においては，視覚のみならず様々な感覚から感じ取ったものや自らの内にある感情や気持ちなどが互いに結びつけられ，表したいことや表し方のイメージを形づくっていくと考えられます。

　また，見方や感じ方を深めたりすることができるようするためには，その対象となる作品や活動などのよさや美しさを体全体で感じ取り，自分なりに味わうことが重要です。

　これらのことは，表現や鑑賞の活動が固定化されたイメージの再現にとどまらずに，活動を通してイメージそのものを組み換え，生き生きとした動的なイメージを生み出していくことによって，さらに深まることを示しているともいえるでしょう。

4．つくりだす喜びが支える豊かな生活

　目標の（3）は，「学びに向かう力，人間性等」に関する目標を示しています。

　ここでは，「感性」を働かせることによって作品などをつくったり，見たりすることの喜びを味わうことを求めています。

　学習指導要領解説では感性について次のように位置付けています。

・様々な対象や事象を心に感じ取る働きであるとともに，知性と一体化して創造性を育むもの。

・学習の場，材料や用具，人，時間，情報などと

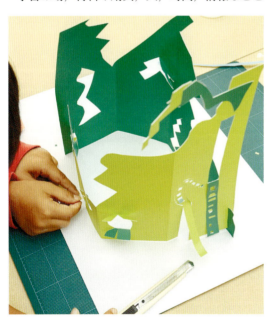

いった児童を取り巻く環境の全てが感性を育む。

・感じるという受動的な面に加え，感じ取って自己を形成していくこと，新しい意味や価値を創造していく能動的な面も含めて感性の働きである。

　このように感性は，造形的な活動において欠くことのできない働きであるとともに，活動そのものが感性を育んでいるともいえるのです。

　また，ここで示されている「楽しく豊かな生活」とは，単なる物質的な豊かさだけを指すのではなく，楽しさや豊かさの実感をもって生きていくことをも含んでいます。そして，このような生活を創造しようとする態度を養うということは，生活や社会との関わりの中で主体的に学習に向かい，生きていく態度を育むことでもあります。

　豊かな人間性を育むこととして，図画工作科では「豊かな情操を培う」ことを大切にしています。図画工作科の学習を通して美しさやよさに触れて感動することが，情意の調和的な発達をもってよりよく生きていくことにつながると考えているのです。

　このように「学びに向かう力，人間性等」は，生き方にも関わる資質・能力として「知識及び技能」や「思考力・判断力・表現力」の働きに関連してくるものとして捉えることができます。

⑥ 資質・能力から整理された「内容」

1. 資質・能力からの再構成

　新しい学習指導要領で示された各学年の内容は、大きな枠組みとしては、これまでと同様に「A表現」と「B鑑賞」及び〔共通事項〕の三つで構成されています。そして、今回の改訂では、「A表現」と「B鑑賞」及び〔共通事項〕のそれぞれに育成すべき資質・能力が位置付けられていることが特徴です。平成20年告示のこれまでの学習指導要領では、「A表現」のもとに「造形遊び」と「絵・立体・工作」が示され、それぞれに「発想・構想」と「創造的な技能」が位置付けられていました。その内容の構成の違いを新旧で比較すると下のようになります。資質・能力の三つの柱の中の「学びに向かう力、人間性等」は、他の二つの資質・能力の働きを方向付ける力として内容ではなく教科及び学年の目標に示されています。

平成20年告示

A表現		
(1) 造形遊び	ア	発想・構想の能力と活動の概要
	イ	発想・構想の能力と活動の方法
	ウ	創造的な技能
(2) 絵や立体,工作	ア	発想・構想の能力と活動の概要
	イ	発想・構想の能力と活動の方法
	ウ	創造的な技能

B鑑賞		
(1) 鑑賞	ア	鑑賞の能力と活動の概要
	イ	鑑賞の能力と活動の方法

〔共通事項〕(1)	ア	形や色などに関する事項
	イ	イメージに関する事項

平成29年告示

A表現		
(1) 発想や構想	ア	造形遊びをする活動を通して育成する「思考力,判断力,表現力等」
	イ	絵や立体,工作に表す活動を通して育成する「思考力,判断力,表現力等」
(2) 技能	ア	造形遊びをする活動を通して育成する「技能」
	イ	造形遊びをする活動を通して育成する「技能」

B鑑賞		
(1) 鑑賞	ア	鑑賞する活動を通して育成する「思考力,判断力,表現力等」

〔共通事項〕(1)	ア	「A表現」及び「B鑑賞」の指導を通して育成する「知識」
	イ	「A表現」及び「B鑑賞」の指導を通して育成する「思考力,判断力,表現力等」

　新しい内容の構成では、「A表現」には（1）表現における「思考力，判断力，表現力等」として「発想や構想」に関する項目と、（2）表現における「技能」に関する項目の二つが設けられました。そして、それぞれの項目にア「造形遊びをする活動」に関する事項と、イ「絵や立体，工作

に表す活動」に関する事項を示しています。

　また，「Ｂ鑑賞」には，（1）「鑑賞」に関する項目を設け，ア「思考力，判断力，表現力等」に関する事項を示しています。

　そして，〔共通事項〕では，ア「知識」に関する事項，イ「思考力，判断力，表現力等」に関する事項を示しています。

　つまり，「Ａ表現」の内容を，児童が材料を基に造形的な活動を思い付き，活動を工夫して造形的につくる「造形遊びをする活動」と，感じたことや想像したことから表したいことを見付け，表

し方を工夫して造形的に表したりする「絵や立体，工作に表す活動」との二つの側面から捉えているとともに，それらの活動を通して育成されるべき資質・能力がより明確に前面に示されているのです。

　同様に「Ｂ鑑賞」や〔共通事項〕も資質・能力として位置付けられています。

　学習指導要領解説では，以上のことを「造形遊びをする活動」や「絵や立体，工作に表す活動」，「鑑賞する活動」の側面から捉えて，それぞれが指導する事項を整理し，次のようにも示しています。

造形遊びをする活動

「Ａ表現」(1)ア	造形遊びをする活動を通して育成する「思考力，判断力，表現力等」
(2)ア	造形遊びをする活動を通して育成する「技能」
〔共通事項〕(1)ア	「Ａ表現」及び「Ｂ鑑賞」の指導を通して育成する「知識」
イ	「Ａ表現」及び「Ｂ鑑賞」の指導を通して育成する「思考力，判断力，表現力等」

絵や立体，工作に表す活動

「Ａ表現」(1)イ	絵や立体，工作に表す活動を通して育成する「思考力，判断力，表現力等」
(2)イ	絵や立体，工作に表す活動を通して育成する「技能」
〔共通事項〕(1)ア	「Ａ表現」及び「Ｂ鑑賞」の指導を通して育成する「知識」
イ	「Ａ表現」及び「Ｂ鑑賞」の指導を通して育成する「思考力，判断力，表現力等」

鑑賞する活動

「Ｂ鑑賞」(1)ア	鑑賞する活動を通して育成する「思考力，判断力，表現力等」
〔共通事項〕(1)ア	「Ａ表現」及び「Ｂ鑑賞」の指導を通して育成する「知識」
イ	「Ａ表現」及び「Ｂ鑑賞」の指導を通して育成する「思考力，判断力，表現力等」

　これらのことを踏まえて具体的に題材を配列し，図画工作科の年間指導計画を作成していくためには，「造形遊びをする活動」，「絵や立体，工作に表す活動」，「鑑賞の活動」がバランスよく配置されるとともに，そこで育成される資質・能力

のつながりに配慮して構成していく必要があります。それは，そのことによって活動としての多様性とともにそれらの活動を通して育成すべき資質・能力のつながりや系統性を見据えた指導が可能となってくるからです。

２．活動における内容の具体的な姿

①造形遊びをする活動を通して育成する「思考力，判断力，表現力等」

　造形遊びをする活動では，発想や構想の基となるものが低学年から高学年へとその発達の特性に応じて，身近にある自然物や人工の材料の形や色から場所，空間の特徴へと広がっていきます。

　例えば，低学年の砂場での造形遊びでは，児童は砂そのものに体全体で関わりながら，その感触を十分に感じ取ることから，自分がやってみたいという造形的な活動を思い付いています。

低学年の造形遊び

　そして，砂を固めたり，崩したりしながら新たな活動を思い付いたり，つくり方を考えたりしていきます。同じような屋外での造形遊びでも，高学年では材料のみならず，活動の場所や空間の特徴から発想を広げる姿を見ることができます。

　そこでは，自らその場所や空間に働きかけることによって，造形的な工夫で新たな場所や空間を生み出していく活動も可能になってきます。

高学年による自然材料を用いて空間に働きかけていく造形遊び

②絵や立体，工作に表す活動を通して育成する「思考力，判断力，表現力等」

　絵や立体，工作に表す活動における発想や構想は，低学年では児童が感じたことや想像したことから表したいことを見付けることを示しています。

　例えば，絵に表す活動においては，身近なものの中から自分が好きなものを見付けて楽しくかくことや，日常の生活の経験から楽しかったことや想像したことなどを表し方を考えながらかく姿を見ることができます。

そして，中学年から高学年へと成長していく過程では，そこに客観性や社会性が生まれてきます。見たことや伝え合いたいことなどを相手のことや用途などを考えながら表すことも考えられます。

③造形遊びをする活動を通して育成する「技能」

造形遊びをする活動における技能は，低学年では，材料や用具の扱いに慣れることから活動を工夫したり，発想や構想と同様に手や体全体を十分に働かせることで身に付けたりしていくものです。例えば，大きな紙を材料とした活動では，体に包んだり，手で丸めたり，裂いたり，ねじったりしながら，その感触を確かめながら自分がやりたいことを可能にしていっています。

このように，低学年や中学年で身に付けた技能は，子供たちに蓄積されていきます。

高学年では，それらを選択したり，組み合わせたりしながら，必要に応じて自在に活用することが可能になってきます。

④絵や立体，工作に表す活動を通して育成する「技能」

絵や立体，工作に表す活動における技能は，それをどのように身に付けるかによっても，技能としての質的な違いが生まれてくると考えられます。

例えば，絵の具を使ってかく活動において，絵の具に混ぜる水の量を変えたり，筆先の感触を感じ取ったりしながら，いろいろなかき方を試すことで，身に付けていく技能があります。これらは，画一的に身に付ける使い方とは異なる多様な活動場面で活用される創造的な技能となることが期待されます。

⑤鑑賞の活動を通して育成する「思考力，判断力，表現力等」

鑑賞の活動では，活動を通して自分の見方や感じ方を広げ，深めていくことが大切になります。そのためにも鑑賞の対象を発達の特性に応じて，身の回りから社会，文化へと広げていくとともに，表現との関連に留意することも大切です。

⑦ 〔共通事項〕として育まれる資質・能力

1.〔共通事項〕とは

〔共通事項〕は，表現，鑑賞の活動の中で共通に必要になる資質・能力で，今回の改訂では，アは「知識」，イは「思考力，判断力，表現力」として示されています。

その文言を見てみると，アでは「自分の感覚や行為を通して，形や色などを理解すること」とあります。ここでいう知識は，「この色は赤」「この形は三角」という個別の事実的なものだけではなく，活用できる概念としての知識も含みます。

このことを実際に児童が活動する姿から見てみましょう。

児童はペットボトルに自分の好きな色水をつくっています。その後，自分の色水と友達の色水をカップに注いで混ぜています。すると，新しい色が生まれました。「見て！　赤と黄色を混ぜたらオレンジ色になったよ」「次はどの色とどの色を混ぜようか」と話しています。

これは，「色水を混ぜる」という行為から，色の変化に気付いた姿といえます。このとき，児童はただ単に「赤」「黄色」という色の名前を知っているだけではなく，「色は混ぜると変化する」「混ぜる量を変えるとできる色も変わる」ということに気付いたのです。

そして，「次はどんな色を混ぜようかな」と，「色」という造形的な視点をもって活動を進めていこうとしています。この造形的な視点が分かることは，概念的な知識をもった姿といえます。

概念的な知識は「生きて働く知識」です。個別の知識は，いくらたくさんあってもそれ自体はばらばらの状態ですが，関連付けられ整理されることでまとまりをもちます。このまとまりができることで，「この前はこうだったから，こうすればいいな」「今度はこうしてみよう」と，状況に応じて取り出すことのできる知識になります。

「自分の感覚や行為を通して」という文言は，知識は一方的に与えられるものではなく，自ら気付くという主体性が大切であることを示しています。児童が実際に目を輝かせて色水づくりをしている姿からもそのことがわかります。児童は，自分が働きかけたことで，色水の様子が変化することに驚きと喜びを感じています。このとき，児童の中では知識が結び付いて，いつでも取り出して活用できるよう構造化されているのです。

次にイでは、「形や色などを基に、自分のイメージをもつこと」とあります。自分のイメージとは、「心の中につくりだす像や全体的な感じ、又は、心に思い浮かべる情景や姿」などです。

例えば、この児童は画用紙をはさみで自由に切ってできた形から、いろいろなものを思い浮かべています。「ここの形が丸くて頭みたいだな。こっちはしっぽになるかな」「そうだ、アザラシにしよう！　目をここにかいて、うん、いい感じ。色はどうしようかな…」というように、形からもったイメージを手掛かりに表現を進めています。形や色などから自分のイメージをもつ姿は、学習活動のいろいろな場面で見られます。表したいことだけではなく、材料や場所へのイメージ、作品へのイメージも大切にしていく指導が求められるといえます。

この〔共通事項〕のアとイは、順序性をもつものではありません。相互に関連し合って働くものとして捉え、児童の姿を見ていく必要があります。まず知識を身に付けてからイメージをして、というように硬直化した指導では、児童の学びは生まれづらいからです。

また、〔共通事項〕だけを取り出して題材をつくることはできません。なぜなら、知識を自分のものにするためには、感覚や行為はもちろんのこと、感じる、考える、つくる、表すなどの造形活動すべてが重要となってくるからです。

このように、〔共通事項〕は児童が表現及び鑑賞の活動で表したいことを思い付いたり、構想したり、技能を働かせたりするときの具体的な手掛かりであると同時に、教師にとっては、指導改善の視点ともなります。「どんなことに気付いているか」「どのようなイメージをもっているか」ということを児童の姿や言葉から見取り、指導に生かしていくことが大切です。

２．各学年における〔共通事項〕

　〔共通事項〕は，学年の発達の特性に応じてそれぞれ示されています。次に，各学年において示された〔共通事項〕の内容について見ていきたいと思います。

①第1学年及び第2学年の〔共通事項〕

> ア　自分の感覚や行為を通して，形や色などに気づくこと。
> イ　形や色などを基に，自分のイメージをもつこと。

　この時期の児童は，身近なものについて，自分なりの感覚や気持ちを基に形を大まかに捉える傾向があります。また，身の回りには多くの色があることやその違いにも気付いていきます。イメージについても自分の感覚や行為を基にした直観的なもので，多くの場合，自然に生まれてくるものです。

　この児童は，自分の好きな亀を画面いっぱいにかいています。甲羅の形や頭の形などを大まかに捉えていることが分かります。また，大きな亀をかいた後，仲良しな家族をイメージして小さな亀をかき足しています。このような傾向を生かして〔共通事項〕を指導していくこととなります。

　「形や色に気付く」とは，形，線，色，触った感じなどに気付くことを示しています。指導に当たっては，実際に見たり触ったり，比べたりなど体験的に対象の形や色などに気付くようにすることが大切です。

　また，自分がつくりだしたという満足感や，感じたり気付いたりしたことが認められ尊重されることで，自信をもつことも大切なことだといえます。さらに，児童のもつイメージは，自分の感情や行動と一緒に現れ，活動しながら展開されていきます。身体と一体化した活動を充実させることで，イメージする力は一層育ち，豊かな学習活動とすることができます。

　この児童は，粘土のかたまりをにぎったりつまんだりしてできた形から角の長い不思議な生き物をイメージし，表したいことを思い付きました。「もっと不思議な感じにしたいな」と，ひも状にした粘土をくるくる巻いて背中に付け，表したい感じになるよう工夫をしています。やがて世界に

1匹だけの不思議な生き物ができ，満足感をもつことができました。

この児童たちは，いろいろな形の竹を使って造形遊びをしています。床で活動できるようにしたことで形は大きく広がっていき，次々とイメージをもつことができました。このように，児童が思い付いたことをすぐにできるような場の設定や十分な量の材料を準備することも大切です。

②第3学年及び第4学年の〔共通事項〕

> ア　自分の感覚や行為を通して，形や色などの
> 　　感じが分かること。
> イ　形や色などの感じを基に，自分のイメージ
> 　　をもつこと。

この時期の児童には形や色などについて，単に区別するだけではなく，「この形は鋭い感じ」「青はさわやかな感じ」など対象から受ける感じにも気付く姿が見られます。また，イメージを具体的にもつようになり，作品を一定のイメージでまとめたり，説明したりする姿が見られます。

この児童は，想像した花をかいています。花びらの形を少しずつ変えて組み合わせ，「花びらをいっぱいに広げた立派な感じの花にしたい」と，混色して色味や明るさも変えていっています。これは，形や色と具体的なイメージを関連させている姿といえます。このような傾向を生かして〔共通事項〕を指導していくこととなります。

「形や色などの感じが分かる」とは，形の感じ，色の感じ，それらの組み合わせによる感じ，色の明るさなどが分かるということを示しています。指導に当たっては，この学年でも児童が主体性をもって体験的に分かるようにしていく必要があります。また，児童が形や色などの感じに関心をもてるように様々な材料や用具と十分に関われるような学習活動を設定していくことが求められます。

「自分のイメージをもつ」ことについても，特定の見本を示してそれに児童を沿わせるような指導は避けねばなりません。材料と十分に触れ合い，表したいことをじっくりと考えることができるようにしていくことが大切です。また，友達との関

わりの中でイメージを広げる姿もよく見られます。児童にとって必要感のある場面で交流活動を仕組んだり，自由に交流できる場を用意したりするなどの工夫が考えられます。

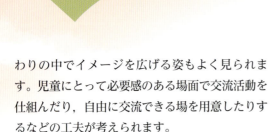

この児童は，ぬらした紙に絵の具をたらして，にじんでできた形や色からイメージをもち，乾いた後，思いに合わせて線などをかき加えて表していきました。小さな紙に何度もにじみを試しながら，どんな色を組み合わせていくか考えています。にじんでできた色の美しさや面白さを感じながら表す姿が見られました。

「ここが頭みたいに見えるね」「本当だ！」絵の具がにじんだ跡を見てイメージを交流することで更にイメージを広げている姿も見られました。

③第5学年及び第6学年の〔共通事項〕

> ア　自分の感覚や行為を通して，形や色などの造形的な特徴を理解すること。
> イ　形や色などの造形的な特徴を基に，自分のイメージをもつこと。

この時期の児童には，対象などの特徴を言葉で説明したり，活動を振り返って次の予測を立てたりする姿が見られるようになります。また，条件を基に可能性を検討し，筋道立てて活動する姿も見られます。

この児童は，ローラーを使って様々な形や色を画面に表すことを楽しんでいますが，ただやみくもにやっているのではありません。高学年らしく，様々な方法を試しながら，可能性を探って活動しています。どのようにローラーを使えばどのような画面になるか，イメージをもちながら筋道立てて考えています。このような傾向を生かして〔共通事項〕を指導していくこととなります。

「形や色などの造形的な特徴を理解する」とは，動き，奥行き，バランス，色の鮮やかさなどを理解することを示しています。指導に当たっては，高学年においても多様な造形活動を設定し，体験的に対象の造形的な特徴を理解していくようにすることが大切です。また，作品などを互いに見合って友達と話し合うことも理解を深めることにつながります。

この授業では，長方形の箱の中に厚紙にかいた人やものなどのパーツを立てて配置し，のぞき穴からのぞいたときに，奥行きが感じられる景色を表しました。

児童は何度も穴をのぞいては見え具合を確かめ，パーツの大きさや配置する位置を試しながら

表現しています。そうした活動を通して，奥行きを表現するには，近くのものは大きく，遠くのものは小さくすればよいことや，重なり具合を調節するとよいことを理解していきました。

また，友達と互いの表した景色を見合いながらイメージを伝え合い，さらに形や色を工夫する姿も見られます。

この児童は，パーツの大きさを工夫するだけではなく，針金を使って上部の空間を使ったり，背景の色を薄めに塗ったりと，イメージを大切にしながら奥行きという造形的な視点をもって活動していきました。このように，児童が「自分のイメージをもつ」ことと「造形的な特徴を理解すること」の関連について，活動を通して気付いていくようにすることも重要です。

⑧指導計画の作成

1．つながりをもった総体としての年間指導計画

　よりよい授業づくりを考えるとき，日々の実践における題材を子供たちにとって魅力あるものにしていこうという願い，そして，そこでの活動が学びとして充実したものとなるように指導の手立てを工夫していこうとする取組が重要であることは言うまでもありません。

　しかし，それとともに教科としての連続した学びを通して子供に何を育んでいくのか，それをどのように計画していくのかということも大切にしなくてはなりません。

　つまり，学習指導要領に示された図画工作科としての教科の目標とともに，各学年の目標と内容を十分に理解し，児童の発達や実態に即した年間の見通しをもった指導計画を作成することが求められるのです。

　年間指導計画を検討することは，一つ一つの題材の位置付けを明確にするとともに，それぞれの目標及び内容がつながりをもって教科としての学習活動の全体像を形成することにつながると考えられます。

　そして，このことは，各学年にとどまらず，小学校の６年間，さらに幼児教育や中学校での学習とも連動していくのです。

2．年間指導計画の構造化の視点

　年間指導計画を作成していくためには，全体の構成に配慮していくために，いくつかの視点をもって取り組んでいく必要があります。

　新しい学習指導要領では，各教科の目標と内容が三つの資質・能力によって整理されたことは，これまでに述べてきた通りです。そして，図画工作科の各学年の内容には，それぞれの資質・能力を育成する活動として「造形遊びをする活動」，「絵や立体，工作に表す活動」，「鑑賞する活動」と，共通に必要となる資質・能力として〔共通事項〕が位置付けられています。

　したがって，年間を通した題材の配列においては，資質・能力のつながりや系統を踏まえた上で，造形遊び，絵や立体，工作，鑑賞の活動がバランスよく構成されることが重要です。

　また，年間指導計画では，それぞれの活動において必要となる材料や用具をどのように題材に生かし，位置付けていくかも配慮する必要があります。

　材料は，児童の発達や経験とともに，学校，地域の特性や季節などもその選択の鍵となってきます。

　用具についても同様です。実際に，それらを使用して身に付けていく技能が，児童にとって創造的なものとして広く活用されていくことが可能となるように，前後のつながりを意識して系統的に位置付けていくことが大切です。

　このように，年間指導計画の構造化を考えてい

くと，それが一つの枠組みとして非常に窮屈な印象をもたれるかもしれません。

しかし，この計画は決して画一的な指導を求めるものではなく，上記のような視点をもつことによって，児童の発達や学校の実態に応じた柔軟な活動を保障するものとして捉えていく必要があると思います。

つまり，指導計画としての全体像が明らかになることによって，一つ一つの題材のもつ魅力も発揮され，そこでの児童の創造的な活動も可能になると考えられるのです。

3．表現と鑑賞の往還から

図画工作科の学習において，表現と鑑賞の活動を互いに関連させて扱うことの重要性はこれまでも言われてきたことです。新しい学習指導要領でも，鑑賞を独立して行うとともに相互を関連付けて指導することが示されています。

このことは，「主体的・対話的で深い学び」の考えを基にした学びの質を高めるための授業改善にも重なることとして捉えることができます。なぜならば，表現と鑑賞との往還は，この授業改善を支える造形的な見方・考え方をより働かせることへつながると考えられるからです。

そして，このことを実現させていくためには，表現と鑑賞の往還を一つの題材の中で計画していくとともに，複数の題材のつながりの中で捉え，題材の配列の工夫を年間指導計画に反映することも効果的な取組となります。

4．学習指導案の作成と指導の手立て

各題材は，年間指導計画における位置付けを明らかにした上で，授業実践に向けての計画として学習指導案の作成が求められます。

学習指導案では，その題材設定の理由にもつながる題材の目標と内容を明確に示す必要があります。

特に表現領域の題材については，造形遊びや絵，立体，工作という活動のまとまりで授業を計画化する場合は，学習指導要領の各学年の内容に示されたそれぞれの資質・能力の指導事項として位置付けられているものを，〔共通事項〕も含め，まとめて示すこととなります。

また，学習活動の展開においては，資質・能力の育成を念頭に置いた具体的な指導の手立ての記述が大切になってきます。その際，事前の題材研究等を基に，児童の実態に即した手立てを工夫していくことはこれまでと同様です。

さらに，これまで四つの観点で示されてきた評価の観点別基準とその評価方法は，新たに教科の目標が資質・能力が三つの柱で示されたことからも，これに倣って三つの観点として示すことが考えられます。

この観点別評価は，学習活動の展開に対応させていくことによって指導と評価の一体化を図ることが重要になってきます。

⑨ 言語活動の充実

学習指導要領では，図画工作科における言語活動について「内容の取扱いと指導上の配慮事項」として，次のように示しています。

> 各学年の「A表現」及び「B鑑賞」の指導に当たっては，「思考力，判断力，表現力等」を育成する観点から，〔共通事項〕に示す事項を視点として，感じたことや思ったこと，考えたことなどを，話したり聞いたり話し合ったりする，言葉で整理するなどの言語活動を充実すること。

ここでは，まず〔共通事項〕に示された事項を視点とすることがおさえられていますが，それをどのように捉え，また言語としてどのように活動に結び付けていくかについては，児童の発達も踏まえながら考えていくことが大切です。

低学年の児童の活動では，材料を実際に手で触ってみることでその特性を捉えたり，自分がやってみたいことと結びつけたりする姿を見ることができます。

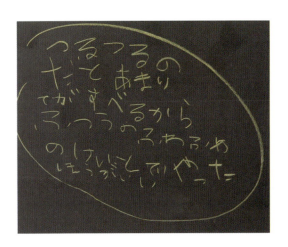

写真の児童の言葉からは，そのような児童の素直な気付きと活動の可能性を読み取ることができます。このように言葉として気軽に黒板に書けるような環境づくりも，児童が自らの気付きや思いを確かめたり振り返ったりすることができ，活動を充実させていく一つの手立てとして有効だと考えられます。

また，中学年になってくると，互いの活動により関心をもって見たり，感じたことや思ったことを伝え合ったりする姿が見られるようになります。

そして，そのようなやりとりの中から，自分の表したいことを明らかにしていったり，新たな工夫を見いだしたりすることにつなげています。

言語活動の充実を図るためには，言語に表すことだけを目的としたり，形式的な活動に陥ったりすることのないように，それが児童にとって造形的な活動と密接につながっていることを大切にしていくことが重要です。

⑩材料や用具の取扱い

学習指導要領では，図画工作科における材料や用具の取扱いについて「内容の取扱いと指導上の配慮事項」として，次のように示しています。

> 材料や用具については，次のとおり取り扱うこととし，必要に応じて，当該学年より前の学年において初歩的な形で取り上げたり，その後の学年で繰り返し取り上げたりすること。
> ア　第1学年及び第2学年においては，土，粘土，木，紙，クレヨン，パス，はさみ，のり，簡単な小刀類など身近で扱いやすいものを用いること。
> イ　第3学年及び第4学年においては，木切れ，板材，釘，水彩絵の具，小刀，使いやすいのこぎり，金づちなどを用いること。
> ウ　第5学年及び第6学年においては，針金，糸のこぎりなどを用いること。

ここでは，児童の発達を踏まえ，材料や用具の特徴と表現の関わりからそれぞれの学年の活動において用いる材料や用具が具体的に位置付けられています。

例えば，低学年においては，土や粘土などその感触を確かめることから発想を広げていけるように，手や体全体で関わることが可能な材料が挙げられています。

また，接着の用具としてのりが示されていますが，児童の活動によっては材料同士の接着に速さが求められることもあります。活動によっては，その速さがリズムを生み出し，児童の豊かな発想へとつながるからです。そのようなときには粘着テープが効果的に活用されるなど，それぞれの学年で用いられる材料や用具は，目的や用途によっ

ては，ここに示されたものに限定されないこともあります。

水彩絵の具は中学年に位置付けられているので，低学年では使用してはいけないということではないのです。必要に応じて共用の水彩絵の具を用いることも考えられます。

材料や用具の使用では，児童が身に付け活用する技能とも密接に関係していることにも留意する必要があります。

例えば，初めて糸のこぎりを使って木の板を切断する児童に，基本的な使い方を伝えただけでいきなり下書きの線に沿って正確に刃を進めることを求めるのは，決して糸のこぎりを使いこなすことにはつながりません。まずは曲線や細かい部分を自由に切ることを楽しみながら，糸のこぎりの用具としての特徴をつかみ，それが必要とされる様々な場面においても活用可能な技能として身に付けていくことが重要です。

つまり，児童にとって材料や用具が自分のものとして表現に生かされるためには，それらとの関わり方や関わる機会や時間の量的な保障も大切なことなのです。

⑪版に表す経験や土を焼成して表す経験

　版や焼き物に表す活動は，専門的な技法や用具を用いることがあるため，一つのやり方にこだわった指導が継続されたり，逆に実践自体が敬遠されたりすることもあるようです。

　しかし，版に表す活動には，一般的な紙版画や木版画以外に，雑材版画（身辺材料などによる版づくり），モノプリント（塩ビ板などにローラーでインクをつけ，模様を写し取る活動），スチレンボードに身近な物で型押したり切り離して再構成したりする版など，多種多様な技法があります。

　児童が様々な技法を楽しみながら経験し，6年間を通じて版画の概念を広げ，自分の構想に合わせて技法を取捨選択できるようにカリキュラムを再構築していきたいものです。

　解説書 では，次のように示されています。

> 　児童や学校の実態に応じて，児童が工夫して楽しめる程度の版に表す経験や焼成する経験ができるようにすること。（中略）児童が無理のない範囲で経験できるようにするとともに，児童が受け身で活動を終わることのないように配慮する必要がある。

　焼き窯がない学校においても，一斗缶を使う方法や業者に委託する方法も活用しながら，家庭や日常生活で長く使えたり飾ったりできる体験を一度は味わえるように，年間計画を見直していきましょう。

　解説書 では，次のように示されています。

> 　なお，焼成窯などの整備を，積極的に進めるようにすることが大切である。定期的な点検により，安全に留意することも重要である。

　上の解説文は，今回の解説書から付け加えられたものです。これまでも，各学年の活動として版に表す経験や焼成して表す経験は必要とされていました。今回の改訂を受けて，焼成窯の整備や安全のための点検に積極的な取組が求められます。

素焼きのミニ植木鉢に化粧土で彩色

世界に一つだけのランプシェード

⑫情報機器の活用と注意点

　ＩＣＴが児童にとって身近な道具となっている現在，もう一度その機動性や再現性を生かした活用方法について考えたいと思います。

　解説書 では，次のように示されています。

> 　コンピュータ，カメラなどの情報機器を利用することについては，表現や鑑賞の活動で使う用具の一つとして扱うとともに，必要性を十分に検討して利用すること。

１．目に映る世界の見方を伝え合う

　6年生の題材「瞬間コレクション」は，「不思議」「すてき」などをキーワードに，校内にある様々な瞬間をデジタルカメラで撮影して集める活動です。これらの「瞬間」とは，例えばふだん気付かなかった風景や動きなどを切り取った場面，友達と一緒だからつくりだすことができる錯覚など，子供たち一人一人の「視線」です。

「風のいたずらにご注意を」

２．移りゆく発想過程を評価し合う

　5年生の題材「コップ星人の変身を目げき！」は，紙コップの形を変化させる操作の過程に注目してコマ撮りをする活動を通して，互いの発想のよさを感じ合い，自分らしい表現方法を追求する活動です。ここでは，子どもたちが変形の過程を楽しみながら，実は自分たちの操作についてじっくりと考え，何度も振り返るプロセスを重視しています。これらの画像は，作者自身の見直し，友達同士での鑑賞，そして教師との対話（評価）のそれぞれにおいて効果的な資料となるのです。

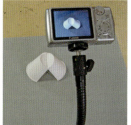

「コップ星人の変身を目げき！」

3．情報機器活用のポイント

　デジタルカメラでの撮影は，活動風景や作品の結果を記録するポートフォリオの役目だけではなく，作者である児童の視線や思考を活動中に，即座に確認・評価し合うための掲示板としての役割もあります。つまり，再生モニターは互いの発見や考えをリアルタイムでチェックし，相談した上で，次の表現活動への意欲を高める相互評価の装置といえます。

　情報機器は，現代の児童にとって描画材料と同じくらい手軽な道具として普及しつつあります。しかし，その手軽さゆえに，本来，児童が目と手と頭を使って視覚世界を再現したり，思考イメージを表現したりして発揮してきた「思考力，判断力，表現力等」が省かれたり，安易な情報処理に陥らないように十分配慮して活用を検討しなければなりません。

　解説書 では，次のように示されています。

> 　このような情報機器は様々な活動に活用できる機器である。しかし，実際にものに触れたり見たりすることが，図画工作科の資質・能力の育成において重要であることも踏まえ，学習のねらいに応じて必要性を十分に検討し利用することが大切である。

4．著作権や肖像権などの指導について

　インターネット上や資料から複製した画像をコラージュしたり，自分で撮った写真であっても人物が写っている写真を使用する活動の場合，著作権や肖像権の許諾について知識が必要になるため，不安に感じることがあります。

　しかし，学校その他の教育機関において，授業の過程で教師や児童・生徒が，それらを使用することは，例外的に著作権者の権利が制限されており，特に断らなくても使用することが認められています（著作権法第35条）。

　また，著作権には保護期間が定められており，例えば，我が国の作者の場合，死後50年を経過したときに，その著作権が消滅することになります。

　ただし，指導する上で留意しなければならない点として，これらの作品画像をインターネット上に掲載したり，印刷物に掲載したりする場合は，これらの制限規定の適用範囲外になるケースもありますので，十分な注意が必要です。

　子供たちには，美術作品の著作権保護について知識として触れる前に，創造性を大切にする態度を日頃の授業から意識するように指導を進め，互いの作品や発想から学び合う姿勢を培っていきたいものです。

⑬地域の美術館などの利用や連携

　学習指導要領では,美術館との連携について「内容の取扱いと指導上の配慮事項」として,次のように示しています。

> 　各学年の「Ｂ鑑賞」の指導に当たっては,児童や学校の実態に応じて,地域の美術館などを利用したり,連携を図ったりすること。

　今回の改訂では,小学校と美術館が協力し合う「連携」に加えて「思考力,判断力,表現力等」の育成を目指す指針が示されています。

　美術館を訪れる児童が学校での表現活動で培った見方・考え方を発揮して能動的に鑑賞できるよう,教師も児童の実態や学習のねらいに合わせて主体的に美術館の特性や専門性を探る姿勢が求められます。つまり,美術館を舞台にし,児童と教師と学芸員とで鑑賞の授業をするつもりで様々な連携方法を考えなければなりません。

　解説書 では,次のように示されています。

> 　それぞれの施設に応じて特性が異なるので,これらに配慮した上で,施設が提供する教材や教育プログラムを活用する,学芸員などの専門的な経験や知識を生かして授業をするなど,多様な取組が考えられる。

　ここでは，地域の美術館と学校が協働的に連携した実践を重ねてきている例を紹介します。東京都世田谷区では，区立小学校の４年生全員が学校単位で世田谷美術館を訪れる，「鑑賞教室」が行われています。世田谷美術館が開館した1986年から始まり，1996年からは「鑑賞教室特別プログラム」が行われています。これは，「鑑賞教室」に先立って美術館スタッフが希望校に出張し，展覧会に関して１～２時間の事前授業を行うものです。例えば，『ヨルダン古代文明展』訪問前には，事前授業「魔法のランプをこすってみたら…」を学芸員と教員が協働で企画しました。収蔵作品を想起させるテーマの表現活動を通して児童のイメージを耕し，期待感をもたせるのです。後日，児童が美術館を訪れた際，事前授業で扱った作品と再会すると，愛着をもって鑑賞したり，新たな驚きと共に見つめたりしていました。

地域の美術館での教育プログラムを活用して
（東京都八王子市・村内美術館）

⑭鑑賞の環境づくり

　学習指導要領では，学校としての鑑賞の環境づくりについて「内容の取扱いと指導上の配慮事項」として，次のように示しています。

> 　校内の適切な場所に作品を展示するなどし，平素の学校生活においてそれを鑑賞できるよう配慮するものとすること。また，学校や地域の実態に応じて，校外に児童の作品を展示する機会を設けるなどすること。

　図画工作科の学習の成果としての作品を展示し鑑賞する機会としては，これまでも校内の展覧会など学校行事と一体となった形で取り組まれてきました。児童にとっては，学年を越えて多様な表現に触れることができる貴重な鑑賞活動の場です。また，保護者や地域の方々には，児童の成長や学校での教育活動の成果を理解いただく機会になっています。

　しかし，各学校での展覧会の開催は1年間に1回，または2～3年に1回という大変限られた機会であることも事実です。

　そこで，鑑賞の活動を特別なものとは捉えず，学校そのものが日頃から児童の作品や美術作品に触れることができる豊かな空間となることが重要と考えられるようになりました。

　そのためには，日常の学校生活において作品を展示できるスペースや，展示方法の工夫が必要となります。掲示板や展示ケースの中に作品を収めるだけではなく，児童の目線に立ち，作品にとってのふさわしい場所を探すことも，鑑賞をより豊かな活動へと広げていくことにつながります。

　また，高学年の造形遊びをする活動のように，児童が学校の様々な場所や空間の特徴を生かしながらそこに働きかけることで，場所や空間そのものが作品となっていく場合もあります。更に，結果としての作品ではなく，造形活動そのものを公開するなど，多様な鑑賞のあり方を環境づくりとともに工夫していくことも可能でしょう。

造形おかざきっ子展（愛知県）

　鑑賞の環境づくりは，校内とともに校外にその場所を求めることから，複数の学校や地域が児童の作品のよさや美しさを共有できる場へとなることも考えられます。このように，図画工作科での学びの成果を限られた展示の中だけで鑑賞するのではなく，環境づくりの工夫から自らの生活を豊かなものとし，よりよく生きていくことにつなげていきたいものです。

⑮幼児教育との関連

学習指導要領では，図画工作科における幼児教育との関連について「指導計画作成上の配慮事項」として，次のように示しています。

> 低学年においては，第1章総則の第2の4の(1)を踏まえ，他教科等との関連を積極的に図り，指導の効果を高めるようにするとともに，幼稚園教育要領等に示す幼児期の終わりまでに育ってほしい姿との関連を考慮すること。
>
> 特に，小学校入学当初においては，生活科を中心とした合科的・関連的な指導や，弾力的な時間割の設定を行うなどの工夫をすること。

幼稚園教育要領では，幼児期の終わりまでに育ってほしい姿を三つの資質・能力を柱として示すとともに，その資質・能力が育まれている具体的な姿として「健康な心と体」，「自立心」，「協同性」，「道徳性・規範意識の芽生え」，「社会生活との関わり」，「思考力の芽生え」，「自然との関わり・生命尊重」，「数量や図形，標識や文字などへの関心・感覚」，「言葉のよる伝え合い」，「豊かな感性と表現」を挙げています。

これらの姿は，引き続き低学年の図画工作科における活動の中にも多く見られる姿です。

例えば，造形遊びをする活動では，児童は自然物や身近にあるものに体全体で関わることから自らの感覚を働かせて，そこから発想を広げ，活動を展開していきます。ここで働く資質・能力は，まさに幼児期に示された「思考力の芽生え」や「豊かな感性と表現」などの姿にある資質・能力と重なるものであり，また幼児期に育まれているからこそ，図画工作科の活動を通して更に豊かに育っていくことが期待されるものです。

このような幼児教育との関連を図っていくためには，まずは資質・能力が十分に発揮されるように幼児期における造形的な経験を生かしながら多様な材料と関わる機会や，そこから生まれてくる児童の気付きや発想を教師自身が認めることが大切です。そのことによって一人の人間としての成長をつなぎ，支えていくことにもなると考えられます。

また，学習指導要領では，これらのことを踏まえて，入学当初におけるスタートカリキュラムなどの弾力的な時間割の設定の工夫も求められています。

そこでは，図画工作科と生活科や他教科等との学びとしての共通性を捉えて関連付けていくことが重要です。このことは，相互の資質・能力の結び付きに着目することから幼児期との円滑な接続を図ろうとするものです。

つまり，「何を学ぶか」とともに「何ができるようになるか」，「どのように学ぶか」という視点からの関連を大切にしていくということなのです。

⑯道徳教育との関連

　学習指導要領の総則では，図画工作科における道徳教育について第1章総則第1の2（2）において，次のように示しています。

> 　学校における道徳教育は，特別の教科である道徳（以下「道徳科」という。）を要として学校の教育活動全体を通じて行うものであり，道徳科はもとより，各教科，外国語活動，総合的な学習の時間及び特別活動のそれぞれの特質に応じて，児童の発達の段階を考慮して，適切な指導を行うこと。
> 　道徳教育は，教育基本法及び学校教育法に定められた教育の根本精神に基づき，自己の生き方を考え，主体的な判断の下に行動し，自立した人間として他者と共によりよく生きるための基盤となる道徳性を養うことを目標とすること。

　学校における道徳教育については，平成27年3月より「道徳の時間」から「特別の教科　道徳」となりました。これにより道徳科が学校における道徳教育の要として位置付けられたわけですが，学校の教育活動全体を通じて道徳教育を行うことについては従来通りです。

　なお，これが特定の道徳的価値を絶対的なものとして指導するものではないことは，確認しておきたいことです。

　図画工作科では，教科の目標の三つの柱の中で，「学びに向かう力，人間性等」として「つくりだす喜びを味わうとともに，感性を育み，楽しく豊かな生活を創造しようとする態度を養い，豊かな情操を培う。」を位置付けています。ここで目指していることは，道徳教育が目標としている「よりよく生きるための基盤」にもつながるものとして考えられます。

　図画工作科の活動において，材料や表現の方法をあらかじめ用意されたものとしてだけではなく，その特性を捉えることから自ら選択し，自分が表したいことへと近づけていく児童の姿を見ることができます。このことは，主体的に判断することを基に，学びとしての質を深め，生きて働く資質・能力を身に付けていることといえるでしょう。

　また，造形的な活動は個別的な活動として捉えられがちですが，実際には友達や周囲の人間との関わりの中で，自分や友達の活動，作品のよさや工夫に気付いたり，伝え合ったりすることから自らが表したいことをより明らかにしていくことがあります。

　つまり，図画工作科の学習は，集団の中での活動を通して相互の思いや表現にある多様な価値観を認め，高め合うことが重要であることからも，まさに関係性を通した学びの場でもあります。

　これらのように図画工作科における児童の姿からは，自立した人間として他者とよりよく生きるという道徳教育の目標との関連を見ることができるのです。

第2章
Q&A解説

本章では,学習指導要領に関することに加えて,
日々の授業でのお悩みにもお答えします。
以下のように色分けして示しています。

Q.● 育てたい資質・能力に関する内容

Q.● 授業づくりに関する内容

Q.● 「指導計画の作成と内容の取扱い」に関する内容

Q&A解説

Q.1 「創造的技能」と「技能」に違いはあるのでしょうか?

A.1 かつて図画工作科では技法に重きを置いた指導が行われていました。たしかに技法は，児童一人一人の表現世界を実現するために必要な場合は，一斉指導においてきちんと教えるべき内容です。しかし，技法だけが教えるべき内容の中心ではありません。まず，児童の表現意図に合う「技法」を「技能化」することが求められます。

解説書 では，次のように示されています。

> 図画工作科においては，自分の思いを生かした創造的な活動を楽しむ過程を通して，「技能」を育成することが重要である。
>
> 例えば，用具の活用においては児童の感覚や行為を重視することである。手の延長のように用具を使って表し方を工夫している姿，自分の手や体の動きから生まれる線を楽しむなどの姿を捉え，指導と評価に生かすことが重要である。

従来の「創造的技能」から新しく「技能」という文言に変わったものの，「創造的な姿勢で」「活動を通して」技能を育成する姿勢は変わっていません。

Q.2 知識や技能は，どういうテストで測ればよいのでしょうか?

A.2 まず，知識及び技能に関する教科目標（1）において，「自分の感覚や行為を通して理解するとともに」「材料や用具を使い，表し方などを工夫して」と示されているように，断片的に知識や技能を切り取って，それらが「身に付いているかどうか」を測るようなテストによる評価方法を示していません。

解説書 では，次のように示されています。

> 「知識」とは，形や色などの名前を覚えるような知識のみを示すのではない。児童一人一人が，自分の感覚や行為を通して理解したものであり，造形的な視点である「形や色など」，「形や色などの感じ」，「形や色などの造形的な特徴」などが，活用できる「知識」として習得されたり，新たな学習の過程を経験することで更新されたりしていくものである。

例えば，のこぎりの種類や刃の名前だけをテストで答えさせたり，はさみで真っ直ぐに切る技能だけを実技試験で測ったりするのではなく，表現活動の中で身に付けたそれらの知識や技能をどのように活用しているか，自分の思いに合わせて方法を選び，工夫して組み合わせているか，を見取ることが求められます。

Q.3 「造形的な視点」とは、教科目標の「造形的な見方・考え方」と同じですか？

A.3 教科の目標（1）に述べられている「造形的な視点」とは、身の回りの物事を、その形や色に注意を払いながら捉えることを指しています。これは、［共通事項］のア「自分の感覚や行為を基に、形や色などの造形的な特徴を理解すること」に位置付けられています。

ここで気をつけなければいけないのは、「自分の感覚や行為を基に」の部分です。知識としての位置付けですが、あくまで子供たちが、自身の諸感覚や行為を通して気付いたり理解したりすることが強調されています。形や色の特徴や働きなどを単に知識として教えるのではなく、実感的に捉えさせる指導が大切にされなければなりません。

一方の「造形的な見方・考え方」とは、物事を捉える視点や考え方を図画工作科の立場から示したもので、教科の目標の冒頭部に出てくる重要なキーワードです。

今回の改訂では、授業改善を進める際の鍵として各教科からそれぞれの特性に応じた「見方・考え方」が示されていますが、これは図画工作科ならではの視点です。その内容は、「感性や想像力を働かせ、対象や事象を、形や色などの造形的な視点で捉え、自分のイメージをもちながら意味や価値をつくりだすこと」とあります。「造形的な視点」とは、すなわち「造形的な見方」と捉えてよいでしょう。

ですから、「造形的な見方・考え方」とは、身の回りの物事のもつ、形や色などの造形的な特徴や働きを捉える見方であり、また、そこから得たイメージや知識を活用して自分らしい意味や価値をつくりだすための思考方法、と捉えることができると思います。それは何も特別なことではなく、これまでこの教科が大切にしてきたことを端的なキーワードで示したと捉えるべきでしょう。

しかし、改めてこのような視点で子供たちの生活を見てみると、例えば穴のあいた落ち葉を顔に見立てて遊んだり、花や葉の色に着目して色水をつくったりするなど、彼らの普段の遊びの中にもたくさんおさえておきたい姿があることに気付きます。

身の回りを造形的な視点で捉える

Q.4 「思考力,判断力,表現力」とは,子供のどういう姿を見取ればよいのでしょうか?

A.4 「思考力,判断力,表現力」は,「理解していること・できることをどう使うか」という未知の状況にも対応できる力として求められています。

教科目標の(2)「造形的なよさや美しさ,表したいこと,表し方などについて考え,創造的に発想や構想をしたり,作品などに対する自分の見方や感じ方を深めたりすることができるようにする」と対応しており,なかでも,「A表現」と「B鑑賞」それぞれを通して育成する力として示されています。

ただし,「つくり,つくりかえ,つくる」という子供の円環的な思考の営みを区切って見取ることは容易ではありません。題材のねらいに照らして,表現活動における個々の思考の展開を総合的に見取り,合算して評価することが必要になります。また,「知識及び技能」と相互に関連させて育成することも必要です。

解説書 では,次のように示されています。

> 必ずしも,別々に分けて育成したり,「知識及び技能」を習得してから「思考力,判断力,表現力等」を身に付けるといった順序性をもって育成したりするものではないことに留意する必要がある。

Q.5 「学びに向かう力」とは,従来の「関心・意欲・態度」とほぼ同じと考えてよいのですか?

A.5 「学びに向かう力,人間性等」は,「どのように社会・世界と関わり,よりよい人生を送るか」という,学びを人生や社会に生かそうとする資質・能力として求められています。

教科目標の(3)「つくりだす喜びを味わうとともに,感性を育み,楽しく豊かな生活を創造しようとする態度を養い,豊かな情操を培う」と対応しています。「生活や社会に関わろうとする主体的な態度」に加え「つくりだす喜び・感性・豊かな情操」を意識して指導に当たることが求められています。

また,「伝統の継承」「文化や芸術を創造しようとする豊かな心」の2点も,図画工作科と美術科をつなぐ視点として考えていく必要があります。

解説書 では,次のように示されています。

> 図画工作科の学習は,自らの感性や想像力を働かせながら,資質・能力を発揮して表現や鑑賞の活動を行い,つくりだす喜びを味わうものである。…中略…それは,生活や社会に主体的に関わる態度を育成するとともに,伝統を継承し,文化や芸術を創造しようとする豊かな心を育成することにつながる。

Q.6 「主体的・対話的で深い学び」の実現に向けた授業改善のポイントはなんでしょうか?

A.6 これからの時代に求められる資質・能力を，自身の生き方や社会との関連の中で理解し，生涯にわたって能動的に学び続ける。そんな子供たちを育てるための質の高い授業はどうあるべきでしょうか。今回示された「主体的・対話的・深い学び」とは，そうした授業づくりのための指針です。従来，図画工作科では，子供たちが自分の思いをもち，その実現に向けて様々な表現方法を試み，工夫しながら取り組むことを大切にしてきました。その意味では，ここに示された授業の具体的な像をイメージするのはそれほど難しいことではないでしょう。

以下に，図画工作科として取り組むべき授業改善の視点をいくつか挙げますので，確認してみましょう。

①児童一人一人が「造形的な見方・考え方」を働かせる

子供たち個々が実感的に形や色を捉えるような工夫をしているでしょうか。大人の見方や考え方を一方的に押しつけてはいないでしょうか。

②表現・鑑賞に関する資質・能力の関連を図る

鑑賞の中で表現したことを振り返ったり，鑑賞で得た技法やイメージを表現に生かしたりするなど，両者を関連付けて扱っているでしょうか。

③「知識・技能」「思考・判断・表現」「学びに向かう力・人間性」の関連を図る

それぞれを別々に扱っていないでしょうか。「技能練習から表現へ」といった固定的な展開をしていませんか。

④自分の成長やよさ，可能性の実感

学び続ける姿勢の基礎となります。互いを認め合えるような自他との対話の場を保障していますか。

⑤学習過程の重視

つくり，つくりかえ，つくるプロセスを大切にしていますか。作品主義になっていませんか。

⑥学習のねらいと評価の意識

活動を通して何を身に付けさせたいのか，その結果何が身に付いたのか，を意識していますか。

Q.7 アイデアの効果的な広げ方は？

A.7 子供たちの初発のアイデアを引き出すためには，彼らがこれまでに経験した表し方を選んだり，組み合わせたり，新たな方法を見つけたりすることを促すような教師の働きかけが必要です。例えば，材料が手元にあるような活動では，それらを具体的に操作することで既習事項を想起させたり，新しい表現の可能性を探らせたりすることも有効です。それができないときには，時間を決めて，テーマに関わるアイデアをできるだけたくさん絵や文章でかくのも効果的です。協働的な学びが求められている今，授業の導入部に子供たち同士の対話の場を設定してみてはいかがでしょう。友達から出されたアイデアをみんなで共有すれば，誰もが無理なく多様な視点を得ることができ，そのことが新たな発想のきっかけとなることも大いに期待できます。

また，活動中は，つくりながら思い付いたことを大事にさせ，よりよい表現のための計画変更は大いに推奨しましょう。途中で行き詰まることも学びのチャンスとして受け止めましょう。写真・図鑑・インターネットなどのイメージソースに，子供たちが自由にアクセスできる環境を整えることも大切です。

作例を見ながら、
みんなで意見交換

Q.8 キャラクターをかく児童やじょうずな友達のまねをする児童への対応はどうするべきですか？

A.8 表現に自信がもてないとき，なじみのあるキャラクターをかくことで安心できる児童もいるでしょう。また，キャラクターに夢中になるあまり，その世界を借りて自身のテーマとすることも少なくありません。

このような場合は，気持ちを寄せているものから子供たちを無理矢理引き離すよりも，むしろその興味や関心に即したアドバイスをしてみるのも一つの方法です。例えば，関連するキャラクターを新たにつくり，いつもの世界観を発展させたストーリーの中で主人公として活躍させる，といった方法はどうでしょう。もともとアニメや漫画も神話や民話などを下敷きとしていることが多いのですから，こうした発展のさせ方は決して非創造的だとはいえません。そのような支援を続けながら，次第にキャラクターに頼らない表現を見つけさせてあげるとよいでしょう。

一方，じょうずな友達のまねをすることは，特に低学年のうちはよくあることです。友達のすてきな工夫を自分の表現にも取り入れたいという気持ちはごく自然なことですので，まねをされた児童への配慮を怠らなければ，あまり厳しくいわなくてもよいでしょう。折に触れその児童らしいよさを捉え，自信をもたせることで，自然な形で自分らしい表現を指向させましょう。

「自分マーク」はいろいろ
な場面で大活躍！

Q.9 子供の思いを大切にする授業は，どうあるべきでしょうか？

A.9 子供たちは，様々な場面で「こんなことをやってみたい」という思いをもっているものです。大切なのは，先生がそうした一人一人の思いをしっかりと受け止め，授業の中に反映させていくことです。そうした積み重ねが子供たちのよさや個性を引き出し，互いの違いを尊重する学級風土をつくります。

ここでは子供たちの「やってみたい」に視点を置き，彼らの思いを大切にする授業のあり方を考えてみましょう。

①「やってみたい」を引き出す

子供たちの思いが発揮できる題材を設定しましょう。当然ながら，あらかじめ目指すべきゴールや道筋が決まっているような題材は馴染みません。子供の実態や興味・関心に即している，多様なアプローチが可能である，適度な抵抗感をもっている，などの条件が考えられますが，そのためには，日頃から子供たちの生活をよく観察しておくことが大切です。

②「やってみたい」を認め，応援する

授業場面では，子供たちの「やってみたい」思いを探り，受け止めましょう。どんなアイデアが浮かんだのか，苦労していることは何かなど，彼らのつぶやきに積極的に耳を傾け，その思いを捉えます。その上で，適宜必要に応じて支援を行いましょう。子供の思いをつかんでいる先生は，「今はその道具（材料）を使うときではありません」などといって，子供の思いをくじくことはありません。

学習指導要領にも「学習活動や表現方法などに幅をもたせるようにすること」とある通り，材料や方法については柔軟に捉えることが大切です。活動中は，子供たちの工夫を認め励ますことで，その児童自身もまだ気付いていないよさを自覚させ，自信をもたせるように努めましょう。自分の思いや工夫が教師から大切にされているという実感は安心感を生み，彼らの心のうちに新たな「やってみたい」を準備します。

③「やってみたい」の違いを認め合う

「その児童らしい思い」は，他者との交流の中で，より一層際立ちます。感じ方や考え方，表し方には違いがあり，それぞれが尊重されるんだという気持ちを育めるよう，積極的に対話の場を設定しましょう。自分の思いを受け止めてもらう喜びが，他者のよさに気付く心を育みます。

「やってみたい」が、活動のエネルギー

Q.10 今回の改訂で，評価について大きく変わった点はどこですか？

A.10 新しい学習指導要領では，図画工作科における目標の改善として，**解説書** では，次のように示されています。

- ・生活や社会の中の形や色などと豊かに関わる資質・能力の育成（略）。
- ・（略）「知識及び技能」，「思考力，判断力，表現力等」，「学びに向かう力，人間性等」の三つの柱で資質・能力を整理して示す。
- ・図画工作科の特質に応じた物事を捉える視点や考え方である「造形的な見方・考え方」（略）。
- ・育成を目指す資質・能力の三つの柱のそれぞれに「創造」を位置付け，図画工作科の学習が造形的な創造活動を目指していることを示す。

関心・意欲・態度		知識及び技能
発想や構想の能力	➡	思考力，判断力，表現力等
創造的な技能		学びに向かう力，人間性等
鑑賞の能力		

※ただし，移行期間として平成31年度までは4観点で評価を実施し，平成32年度から3観点での評価が始まる。

評価の観点は変わっても，子供たちの思いを軸にし，育ちを支えていく「元気の出る評価」を目指します。

Q.11 鑑賞の事項が一つになりましたが，何が変わったのですか？

A.11 現行学習指導要領の鑑賞領域の事項ア（鑑賞の能力と活動の概要）・イ（鑑賞の能力と活動の方法）が，今回の改訂により，アのみに整理されたので，「項目がまとまった」という印象があるかもしれません。これまで鑑賞の能力や言語活動の視点から整理されていた内容構成を，他の事項と同様に「思考力，判断力，表現力等」の資質・能力の視点から整理し直したのであって，鑑賞の指導内容が大きく変わっているわけではありません。

むしろ，今回の改訂で注目すべき変更点は，高学年が行う鑑賞の対象に，自分たちの作品や美術作品の他に，「生活の中の造形」が含まれたことです。

例えば，食器，家具，衣服，用具，パッケージ，ポスター，伝統的な工芸品，建物など，児童の生活の中にある様々な造形を通して，自分たちの生活に働きかける美術の効果などについて学び，そこから表現・発信していく姿が求められています。

解説書 では，次のように示されています。

第5学年及び第6学年の鑑賞の対象に「生活の中の造形」を位置付け，生活を楽しく豊かにする形や色などについての学習を深めることができるようにする。

これまでと同様に表現と鑑賞の往還を意識し，能動的に鑑賞活動へ臨むことができる指導を考えていきたいものです。

Q.12 鑑賞の対象に「生活の中の造形」が位置付けられたのはなぜですか？

A.12 今回の改訂では，新しく5・6年生の鑑賞の対象に「生活の中の造形」が位置付けられました。これは，新しく掲げられた，「生活や社会の中の形や色などと豊かに関わる資質・能力の育成」という目標を受けてのことです。ここに示されている「生活や社会の中の形や色」とは，子供自身がつくる形や色・作品，および家庭・地域・社会で出合う形や色，作品・造形・美術を指しています。ですから「生活の中の造形」とは，子供たちが家庭・地域・社会で出合う形や色の全てと捉えてよいでしょう。

現行指導要領には「暮らしの中の作品」が示されていますが，形や色などを通した社会との関わりを重視する新学習指導要領では，その対象を更に広く捉えて指導に当たることを求めているのです。今や，子供たちはあふれるばかりの視覚情報に囲まれて生活しています。そのような意味でも，身近な対象の美しさや面白さに気付いたり，客観的に捉えたりできる感性を育むことは，形や色を扱う本教科の急務だといえるでしょう。

面白い形やでこぼこを見つけてカメラ撮影

Q.13 「造形遊び」の授業で作品をつくらせてもよいのですか？

A.13 大まかなテーマや目的をもって作品をつくろうとする「絵や立体，工作に表す」の領域とは違い，「造形遊び」は身近な材料や場の特徴から，子供たち自身が思い付いた造形活動を行うものです。結果として作品が残ることはありますが，初めから作品づくりを目的にスタートするわけではありません。ですから，大切なことは作品づくりの可否ということよりも，双方の活動のねらいや方法の違いをおさえることにあるでしょう。

学習指導要領に示されているように，造形遊びでは，「想像したことをかく」とか「使うものをつくる」といった主題や内容をあらかじめ決めて始めることはありません。子供を材料や場所と出合わせ，それらに関わらせることで，彼ら自身に活動のテーマを発見させ，追求させていくという展開方法をとります。材料や場所の特徴から，やってみたい活動をいろいろと試したり，思い付いたりすること，そのこと自体がすでに大切な目標の一つになっているのです。ただし，授業のある場面だけを見たときには，工作や立体の授業と同じように見える場合もあるかもしれません。作品が残ることもあるでしょう。しかし，その活動は，あくまで子供たち自身の様々な試みや発想を契機としてスタートしていることをおさえておくことが大切です。

身辺材料の特徴から発想して，台紙にまとめた

Q.14
〔共通事項〕ア「知識」の指導上の配慮事項として, 低学年に「触った感じ」とありますが, これを取り出して授業することはできますか?

A.14

解説書 では, 次のように示されています。

> 〔共通事項〕は,〔共通事項〕だけを題材にしたり, どの時間でも〔共通事項〕を教えてから授業を始めたりするなどの硬直的な指導を意図したものではないことに, 十分に配慮して指導することが大切である。

「知識」という言葉からは,「まず知識を定着させてから」「最低限この知識を教えなければ」といった教え込みのイメージが先行しがちです。

しかし, 図画工作科にとっての知識とは, 自分の感覚や行為を通して理解したものであり, 再び造形活動に主体的に生かされて, 初めて能力として発揮されることを肝に銘じておく必要があります。つまり, 教えた内容だけを問うテストを実施するのではなく, 様々な題材に取り組むことで「自分たちの活動や作品に生かそうと意識しているか」, 子供たちの姿から繰り返し見取る, 系統的な指導が求められているのです。

解説書 では, 次のように示されています。

> 必要に応じてその後の学年で繰り返し取り上げるようにし, 児童が自分の感覚や行為を通して形や色などを捉える経験を重ねながら, 次第に児童自身が気付いていくようにすることを示している。

Q.15
低学年の文言に「楽しく」「楽しい」「楽しさ」が何度も出てきますが, どんな意図があるのですか?

A.15

低学年の児童は, 身の回りの人, 物, 環境などに体ごと関わりながら, 表すことと見ることが一体になって活動します。

また, 活動を通してつくりながら思い付いたり, 既成概念に捉われずに発想したり, 結果にこだわらずに様々な方法を試したり, 発想が次々と展開したりするなどの姿が見られます。

この天真爛漫で積極的な学びに向かう姿勢や, 興味を示した物に対する高い集中力が生まれるきっかけは, まさに「楽しい」という実感と期待感です。

解説書 では, 次のように示されています。

> 表現したり鑑賞したりすることが一体になりながら楽しく活動するという低学年特有のよさを生かして活動することである。

そのためには, まず児童が面白いと思ったことを安心して試すことができる環境をつくり, のびのびと表現する喜びを味わわせたいですね。

また, 低学年で実感した「楽しさ」を原動力にして, 中学年では新たな活動に「進んで」仲間と取り組み, 高学年では自分と向き合いながら, より「主体的に」活動をつくりだしていく姿を見通しているのです。

Q.16 「共同してつくりだす活動」とは，例えばどんな活動ですか？

A.16 表現活動には，材料や作品と向き合う自分の世界を深めていく活動と同時に，学習集団の中で互いの新たな考えや工夫に気付きながら，自分の世界を広げていく活動があります。

図画工作科の授業でも「友達と協力してつくってみよう」という投げかけがよく聞かれますが，ともすると同じ児童ばかりが活動を提案したり，陣頭指揮したりしている場面に出合うことがあります。この時間は出番が回ってこない児童にとって，自分の思いや能力を発揮できない作業的な活動になります。

解説書 では，次のように示されています。

> 活動を設定する場合には，児童の実態を考慮するとともに，児童一人一人の発想や構想や技能などが友人との交流によって一層働くようにすることが大切である。特に，決められた部分を受けもつだけで活動が終わらないように留意し，児童一人一人が共に活動をつくりだしている実感がもてるように工夫することが重要である。

グループの全員が活動に主体的に参加するためには，子供への動機付け，教師の環境づくりなどの手立てが大切になります。

例えば，一人一人が表したい思いをもち，それを交流できるような時間を設定する，ボードを使って各自の思いを可視化できるようにする，などが考えられます。

Q.17 「A表現」と「B鑑賞」の一体化とは，どうすることですか？

A.17 本来，一体である表現と鑑賞は，相互に関連して働き合うことで「知識及び技能（鑑賞では知識のみ）」，「思考力，判断力，表現力等」を育成することができます。

解説書 では，次のように示されています。

> 「A表現」及び「B鑑賞」の指導については関連させて行うことを原則とすることを示している。例えば，一つの題材において，造形活動と鑑賞活動とが往還するような学習過程を設定し，児童が表現したことを，自身で味わったり，友人と交流したりすることにより，表現が深まったり，広がったりするように配慮することが大切である。

ここで6年生の題材「強くてやさしい組み木パズル」の指導計画を例に挙げ，表現（●）と鑑賞（★）の関連について考えてみます。

①	導入：イサム・ノグチ「習作」鑑賞（★）
②	工作用紙で模型をつくり（●），見合う（★）。
③	板材に部品の形を描き，電動糸のこぎりで切り分ける（やすりをかけ，組む）（●）。
④	製作中，互いの部品の形を見合い，組み方や接合方法について話し合う（★）。
⑤	組み方を変えることにより，様々な見立てができることに気付く（★）。
⑥	友達の部品と一緒に組んでみる（●）ことで，新たな形を発見していく（★）。

このように表現と鑑賞を往還することで，形に対する視野がより広がるのです。

Q.18 〔共通事項〕について具体的に何が変わったのですか?

A.18 これまでも〔共通事項〕は，表現及び鑑賞を通して，ア）形や色などに関する事項，イ）イメージに関する事項を指導することを示し,「自分の感覚や活動を通して」「自分のイメージをもつこと」という「自分の表現」の確立を目指してきました。

今回の改訂では，ほぼ2事項の分類は継承しつつ，児童の資質・能力を育成するための視点で整理し直されました。ア）形や色などの造形的な特徴を理解すること=「知識」に関する事項，イ）イメージをもつこと=「思考力，判断力，表現力等」に関する事項で示され，これらに順序性や優先性はありません。表現と鑑賞の指導全体に関わる視点として指導内容や方法を改善することが求められています。

解説書 では，次のように示されています。

〔共通事項〕のアから引き続いてイが発揮されたり，イを基に形や色などに気付いたりするなど，相互に関連し合う関係にある。アとイは，同時に働いたり関連して働いたりしながら，具体的な活動が行われている。そうした自分の感覚や行為によって，自分なりのイメージが生み出されることを，造形遊びをする活動や絵や立体，工作に表す活動，鑑賞する活動を通して児童が気付くように指導し，アだけ，又はイだけを取り出して指導することがないようにする必要がある。

Q.19 低学年期における他教科との関連とは，どういうことですか?

A.19 「小１プロブレム」についての課題として，学習内容が教科ごとに分かれている点が挙げられます。幼稚園教育からのなだらかな接続を考えると，同じような発達段階にいる児童にとって図画工作科も「生活の中での体験を通して学びを始めるという考えから，造形的な遊びや活動をきっかけにして他教科との関連を図る」ことを考えていく必要があります。

その工夫の一つとして，他教科で子供たちが学んでいる単元内容を造形的な表現につなげるために，意図的に近い期間に設定することが考えられます。

おそらく子供自身からも「このあいだ校庭で集めた葉っぱや枝で家をつくりたいな」という願いがつぶやかれていると思いますので，よく耳を傾けたいですね。その際，挿絵や飾りづくりのように付録的な造形活動に終始しないように，児童の思いを中心にして造形的な特徴を生かした活動を展開していきましょう。

また，別の工夫として，図画工作科で身に付けた資質・能力を他教科へ広げていく手立ても考えられます。

例えば，算数「長さくらべ」の授業で（1枚の紙からなるべく長くテープ状に切る技能を）活用したり，経験したことを言葉だけでなく1枚の絵で表してみたり，といった教科の特性を存分に発揮させたいと思います。

Q.20 入学時の指導（幼児教育との接続）で配慮すべきことは？

A.20 新しく幼稚園教育要領で示された10の「幼児期の終わりまでに育ってほしい姿」の中でも，特に「思考力の芽生え」「豊かな感性と表現」の2項目が図画工作科での姿と密接に関連してくるでしょう。

解説書 では，次のように示されています。

> 「幼児期の終わりまでに育ってほしい姿を踏まえた指導を工夫することにより，幼稚園教育要領等に基づく幼児期の教育を通して育まれた資質・能力を踏まえて教育活動を実施し，児童が主体的に自己を発揮しながら学びに向かうことが可能となるようにすること。

しかし，低学年の子供たちは，生活の中で経験したことや発見したことを，造形的な見方や考え方に引き寄せて表現のきっかけにしていくことが多いです。したがって，教師も図画工作科の視点だけでなく，他教科や学校生活全体にアンテナを張って様々な関連を意識する姿勢が求められます。

解説書 では，次のように示されています。

> 例えば，題材を選択する時期と他教科等の関連的な単元等の時期を合わせる，図画工作科の時間につくったものを他教科等の時間に活用する，他教科等における自然や社会などの経験を造形的な発想に生かすことなどが考えられる。

Q.21 互いのよさや個性などを認め，尊重し合うようにする指導とは？

A.21 子供たちが学級集団の中で表現活動に取り組む大きなねらいとして，互いの活動や発想，途中の成果としての作品を比べながら，自分らしい表現に気付いていくことがあります。自分の思いや関心とじっくり向き合う低学年から，徐々に周囲との関係性に気付きを広げていく子供たちの発達に合わせて，教師は授業の展開や環境づくりに工夫を重ねていく必要があります。

解説書 では，次のように示されています。

> 一人一人の児童がよさや個性などを生かして活動できるようにし，友人の作品や活動，言動に関心をもつことができるような設定をする（略）友人の作品や活動に目が向くようにしたり，友人との交流の場面を設定したりするなどして，児童が自分や友人のよさや個性などに気付くようにする。

例えば，教師が一人一人の活動について声をかけて回っているときの言葉を，周囲の子供たちはしっかり聞いています。

つまり，教師の振る舞いによってはいつでも交流の場面をつくりだすことができるのです。また，活動中に材料を取りに行ったり，筆を洗いに行ったりする子供たちの動線上に，互いの活動経過の違いに気付かせるような掲示板等を設けるだけで意味のある鑑賞空間に変身していきます。

Q.22 「学習過程を重視する指導」のポイントは？

A.22 かつて，「作品は，かみ終わったチューインガムのようなものだ」と仰った先生がいました。もちろん子供たちが心を込めてつくった作品は大切にされなければなりません。

しかし，必要以上にその出来不出来ばかりを優先すれば，作品を生み出す過程で子供たちがどれだけ楽しんだのか，どんな発見や学びがあったのか，といった個々の取り組みを見落としかねません。

例えば，わたしたちは，何度も描き直してぼろぼろになった画用紙を見せに来た児童に，「あなたの頑張る姿を見ていたよ」と，温かい言葉をかけてあげることができるでしょうか。子供の製作過程には，一人一人に様々なドラマがあるものです。

改訂された学習指導要領では，そんな彼らの学習過程をより丁寧に受け止め，支えていくことが求められています。

そこで改めて確認したいのは，学習指導要領の目標に示された「表現及び鑑賞の活動を通して」という文言です。ここには，それぞれの活動プロセスを通してねらいを達成することが明記されています。例えば，表現について見れば，単純にじょうずな作品をつくることだけが最終目標なのではなく，むしろ子供たちがそれぞれの思いの実現に向け，材料や表現方法を様々に試しながら追求する，その一連のプロセスの中に豊かな学びの成立を期待していることが分かります。学習指導要領が示す「つくり，つくりかえ，つくる」授業とは，こうした学習過程が保障された授業を指しています。

では，そのような授業を目指す上で大切なことはなんでしょう。一つには，子供にとっての必然性が挙げられます。彼らが試行錯誤するためには相当なエネルギーが必要です。一度つくったものを壊すのは誰だって不安ですし，「いつものやり方」でそつなく仕上げるほうが楽に決まっています。それを乗り越え，挑戦していくためのエネルギーとなるのは，やはり「よりよい表現を目指したい」という切実な思いや願いです。その意味で，子供たちにとって必然性のある題材設定や授業展開の工夫が大前提となります。

そして，そのエネルギーを持続させ，力づけるのは，なんといっても子供たちを励ます教師の支えにほかなりません。挑戦や試行錯誤，失敗の克服の中にこそ新しい学びが開かれます。図画工作がもつそうした可能性を踏まえ，子供たちに向き合っていきましょう。

試し、追求することを通して学ぶ

Q.23 導入のポイントは，なんでしょう？

A.23 子供たちと題材を出合わせる際に大切なことは，「やってみたいな」という思いと，「これならできそうだ」という安心感をもたせることです。そのためには，活動の足がかりとなる情報を子供たちに適切な形で提供することが必要です。

初めに活動への興味をもたせるとともに，ねらいをしっかりと理解させましょう。「自分だったらどんなことができるかな」と，子供たちの気持ちや頭にスイッチを入れる段階です。作例を示す，お話をする，材料や技法に出合わせるなど，その方法は様々に考えられます。ただし，ねらいの提案はいずれもシンプルなほうが効果的です。例えば，機構工作であれば，その基本的な仕組みを示した後に「みんなだったらどんなことがしてみたい」と問うことからスタートするのがよいでしょう。

次は，先の見通しをもたせ，安心させてあげる段階です。例えば，教科書の作例や過去の作品資料などを示して，具体的な表現の可能性や材料の生かし方などを全員で確認することも大切です。「いろいろな表し方でいいんだな」「これならできそうだぞ」という安心感をもたせることができれば，もう一人歩きの準備はできたといえるでしょう。

材料を操作してイメージを喚起する

Q.24 教科書の作例がゴールイメージになってしまうのですが…

A.24 子供にとって教科書は，具体的な学習のねらいや内容を示す最も身近な存在です。しかし，そこに掲載されている作品は，決して模倣すべきゴールではありません。このことは，例えば，年度始めの授業の中で，子供たちとの間できちんと共通理解しておく必要があるでしょう。

ページを開くと分かるように，いずれの教科書も意図的に多様な作品を取り上げています。学習のねらいに即した作品のバリエーションや，そこで使われている技能，材料の効果的な生かし方，安全上の注意など，学習を進めていく上でおさえなければいけないポイントが分かりやすく示されているはずです。紙面を見た子供たちが，「こんなものがつくれるんだ」，「こんな表し方もできるんだ」「ぼくだったらこうしてみたいな…」といった期待や安心感，願いがもてるように構成されているのです。先生は教科書の作例はゴールではなく，あくまで子供たちの思いや願いを生み出すきっかけとして捉え，有効に活用することが大切です。

子どもの思いや願いを生み出すきっかけとして

Q.25 描画材料の適時性はあるのでしょうか？

A.25 材料や用具は，思いを表すために用います。ですから，それらの扱いに慣れるとともに，表現意図に応じて選択できる力を子供たちに育むことが必要です。しかし，そのような力は一つの題材だけで身に付くものではありません。学習指導要領の中で，材料・用具については繰り返し取り上げるように示しているのはそのためです。例えば，描画材料については，1・2年生でクレヨン，パス，3・4年生で水彩絵の具を扱うことが示されています。クレヨンやパスは，子供の手の動きに無理なく連動して描けることから，低学年にとって扱いやすい用具です。だからといって，これらは低学年で卒業かというと，決してそうではありません。ぼかしやスクラッチを始め，濃淡や重色などの様々な表現技法を用いれば，中・高学年ならではの豊かな表現を楽しむことが可能です。

一方，「当該学年より前の学年において初歩的な形で取り上げる」ケースとして，低学年で共用の絵の具を扱う場合も少なくないでしょう。その際は，この時期の子供の特徴である身体全体を使った伸びやかな表現を損なわないような配慮が必要です。

大切なことは，子供たちが自分の表現意図に応じて描画材料を選んだり，その効果を試みたり，発見したりすることです。学習指導要領に示されたその柔軟な扱い方をふまえ，基本的な扱いを理解させたのちには，子供たち一人一人がその多様な可能性を見つけられるような指導を心がけましょう。

表現の可能性を
試しながら

Q.26 「キット教材」を使っています。「失敗した」と言いに来た児童に材料をあげてもよいですか？

A.26 失敗の中から思いがけないアイデアが生まれることはよくあることです。まずは子供の話をよく聞いてあげましょう。その結果，どうしても必要ということであれば，用意しておいた材料を必要な分だけ渡してあげましょう。代わりになるものであれば，全く同じ材料でなくても構いません。ものを大切にする気持ちを育むことは大切ですが，「失敗できない」といった過度な緊張感が強すぎるのも考えものです。材料は子供の学習を成立させるための教材です。もちろん際限なくというわけにはいきませんが，子供の積極的なチャレンジが許される程度の量は用意してあげたいものです。材料がたくさんあると無駄にするのではと心配するむきもありますが，かえってのびのびした作品ができることが多いものです。

ところで，キット教材は必要な材料がコンパクトにまとまっていて，魅力的に映ります。しかし，こうした商品の中には，初めからつくるべき作品を想定して材料が組まれているものも見受けられます。これでは子供の自由な発想に応えることは難しく，同じような作品が並ぶことになりかねません。そのようなことから，キット教材を使って授業を行う場合でも，補助的な材料を用意することは必要です。子供に用意させることはもちろん，日頃から材料箱等を設置してストックしておくよう心がけましょう。

自由に利用できる
材料コーナー

Q.27 指導しやすい版の指導を毎年してしまったり, 粘土作品を焼きたくても窯がなくて挑戦できなかったりして悩んでいます。

A.27 版や焼き物に表す活動は, 他題材に比べて特殊な技法を用いることがあります。そこで指導が一つの技法にこだわって行われたり, 逆に実践自体を敬遠されたりすることがあるようです。

解説書 では, 次のように示されています。

> 児童や学校の実態に応じて, 児童が工夫して楽しめる程度の版に表す経験や焼成する経験ができるようにすること。…児童が無理のない範囲で経験できるようにするとともに, 児童が受け身で活動を終わることのないように配慮する必要がある。

　版に関しては, 紙版画や木版画の他に, 身辺材料による版づくり, クリアファイル等にローラーでインクをつけ, 段ボール片などでつけた模様を写し取るモノプリント, スチレンボードをへこませたり切り離して再構成したりする版など様々な方法があります。6年間を通じて版画の概念が広がるように挑戦したいものです。

　焼き物に関しては, 各自治体で整備を計画的に進めるとともに, 一斗缶を使う方法や業者に委託する方法も活用しながら, 実践を検討しましょう。

解説書 では, 次のように示されています。

> なお, 焼成窯などの整備を, 積極的に進めるようにすることが大切である。定期的な点検により, 安全に留意することも重要である。

Q.28 地域の美術館との連携について, 何を大切にすればよいですか?

A.28 今回の改訂では, 小学校と美術館が双方の立場から協力し合う「連携」に加えて「思考力, 判断力, 表現力等」の育成を目指す指針が示されています。美術館を訪れた児童が受け身的に教えていただくのではなく, 学校での表現活動で培った見方・考え方を総動員して「能動的に」吸収しに行く姿が求められています。

解説書 では, 次のように示されています。

> 利用においては, 鑑賞を通して「思考力, 判断力, 表現力等」を育成する目的で行うようにするとともに, 児童一人一人が能動的な鑑賞ができるように配慮する必要がある。

　そのためには, 教師も児童の実態や学習のねらいに合わせて, 主体的に美術館の特性や専門性を探る姿勢が求められているのです。あくまで学校と美術館の協働作業として, 様々な連携の方法を考えていきましょう。

解説書 では, 次のように示されています。

> それぞれの施設に応じて特性が異なるので, これらに配慮した上で, 施設が提供する教材や教育プログラムを活用する, 学芸員などの専門的な経験や知識を生かして授業をするなど, 多様な取組が考えられる。

Q.29 学校としての鑑賞の環境づくりを通して,どのように児童の様子を発信していけばよいですか?

A.29 学校生活での作品展示については,校内で児童の往来が多い通路の壁面等において,日常的に活動の様子を紹介したり,体育館・多目的室等の大きめな空間を活用し作品群を通した学習の多様性や系統性を発信したりする取組が重ねられてきています。今回の改訂では,加えて「校外に児童の作品を展示する機会」についても示されており,より子供たちの学びが地域・社会へ積極的に広がっていくように指導計画を立てることが求められています。

解説書 では,次のように示されています。

> 展示は,児童の作品を通して学校と保護者や地域の連携を深める効果もある。例えば,地域の公共的な施設などに児童の作品を展示したり,そこで作品の説明をしたりすることで,児童の造形活動の意味や価値を広く伝えることができる。

展示の工夫として,作品だけでなく,児童の思いを一言添えたり,記録画像とともに児童の思考をたどることができる説明を加えたりすると,より理解が深まります。

解説書 では,次のように示されています。

> 児童の作品の展示については,作品だけでなく,表現の過程を写真やビデオなどで記録したものを紹介する,その場で造形遊びを公開するなど,多様な方法が考えられる。

Q.30 鑑賞における対象の「特質」とは,何を示していますか?

A.30 鑑賞とは,見る行為を通して自分なりの視点を見つけたり,新たな考えをもったりする活動です。

しかし,教師が見る対象のよさや美しさを十分吟味せずに出合わせた場合,児童は「友達の作品のどこを見ればいいの?」「この(美術)作品をただ見てもよく分からない」など,戸惑いを感じてしまいます。子供同士が見つけたことや感じたことについて話しながら,共通点や違いを見つけたりするためには,同じ土俵の上で作品と向き合う必要があります。この視点が「特質」となります。

例えば,互いの作品については自分が試みた形や色,表し方の工夫など,自分の表現を振り返る視点であり,美術作品については表現の意図,文化に影響を受けた感覚,知識的な見方など,探りだす視点です。

ここでは,児童が能動的に作品と向き合うことができる学習かどうかを検討していきましょう。

解説書 では,次のように示されています。

> このように対象の特質に合わせた指導計画を作成することが必要であることを示している。例えば,「友人の作品の鑑賞を通して自分の作品のよさに気付く」,「美術作品から考えたことを言葉にまとめる」など鑑賞する対象の違いに応じて指導計画を作成する必要がある。

Q.31 丁寧だがいつも未完成の児童，すぐに完成するが雑な児童。進度差にどう対応したらよいですか？

A.31 同じ題材でも完成の早い児童と遅い児童が見られ，進度が揃わないことがあります。特に学年が上がるにつれてこの傾向は強くなるようです。様々なケースが考えられますが，その特徴的な姿をいくつか挙げてみます。

〈完成が早い児童〉

①表したいことや表現方法が明確なため，迷いもなく一気に表現するケース。概ね本人の満足度は高いことが多いです。作品はときに雑に見えることもありますが，躍動感や伸びやかさが感じられます。

②「課題に興味がもてなかった」「表したいことがうまく見つからなかった」「途中で失敗して投げやりになってしまった」など，様々な要因が考えられますが，思うように活動に浸れなかったケースです。表現が乱暴なことも少なくありません。すぐに「できました」と先生のもとに作品を見せにくることもあります。

〈完成が遅い児童〉

③表したいことをもっているが，作業が丁寧だったり，よりよくするための工夫をしていたりすることから時間が足りなくなるケースです。

④表したいことをもっているが，実現するための表現技術や具体的な手立てが十分でないために時間がかかるケース。

⑤アイデアを練るのに時間がかかり，製作に取りかかるのが遅れるケース。

ここで大切なのは，進度差の背景にある子供の「声」を捉えることです。そのためには日頃から児童理解に努め，適切な時期に適切な対応を講じることができるように心掛けたいものです。例えば，上の例の場合，②④⑤のケースに対しては，主題設定や技能面での個別サポートが必要です。特に②は，教師に向けた切実なSOSのメッセージと受け止め，場合によっては，つまずいた場面に戻って丁寧な対応をする必要があるでしょう。その際には，たとえ失敗しても試したり，追求したりすることが大切であることを伝えて，子供たちを安心させてあげたいものです。作品を完成させることばかりを強調すると，試行錯誤することを避け，安易な作品づくりに走ってしまう場合もあるからです。

一方，満足のうちに早く完成した①の児童のような場合，副課題を設定することもよいのですが，④⑤の児童へのサポートにあたらせることも，双方にとって有意義な場合があります。また，③のように追求する時間が必要な児童には，休み時間や放課後等に時間を設定してあげるとよいでしょう。

子どもの声を受け止めながら

Q.32 安全指導のポイントについて教えてください。

A.32 どんなに楽しく意味ある活動も，事故を起こしてしまっては台なしです。そのためには，授業中の安全指導もさることながら，事前の準備や事後の始末までを見通した細かな配慮が必要です。

まず，事前準備としては，教材研究を通して危険を予測することが大切です。特に材料・用具・活動場所が子供の既習経験に照らして適切であることを確認しましょう。

それから，製作過程の中で危険な場面はないかをチェックし，必要に応じた手立てを考えます。扱う材料や用具が決まったら，子供の手に合った用具を準備して，刃こぼれ等がないか点検します。材料を固定する必要があるときは，必ずクランプや作業台などを準備しましょう。

また，子供の動線を考え，用具や材料の設置場所を計画します。針金や錐（きり）などを教卓から自分の机に運ぶ際の事故が少なくありません。なお，特別な場所で活動する場合は，必ず事前に下見をしておきましょう。

授業の中では，特に危険な用具の扱いを丁寧に指導します。使い方やルールを伝える際には，子供たちを集めて実際に手本を示したり，写真や図を示したりして，できるだけ具体的に理解させる必要があります。手元が見づらい場合には，その様子をスクリーン等に映して見せるのも効果的です。その際も，教師の一方的な説明に終わるのではなく，実際にみんなで一緒に練習してみるなど，実感的に理解させることがポイントです。

安全指導には，授業場面における使い方だけではなく，片付け方や管理方法までも含まれます。用具を大切に扱う習慣をつけさせる意味でも，授業の終末には簡単な道具の手入れや整理などを子供たちと一緒にできるとよいでしょう。

その他，今後ますます推進される教科横断的な活動に備えて準備をしておきましょう。例えば，共通で使用する用具の日常的な手入れや整理，複数の児童の使用を前提とした用具コーナーやルールの設定，他教科の内容を見越した計画的な指導などについては，計画的に進めておくとよいでしょう。

最後に，子供は集中しているときには意外とけがはしないものです。事故やけがが起きやすいのは，ふざけていたり注意が散漫だったりするときです。その意味で，学習への構えをしっかりと身に付けさせる日頃の指導こそ，安全指導のベースであることを改めておさえておくことが必要です。

実感的な理解を大切に

Q.33 図画工作科ではICTをどのように活用したらよいですか?

A.33 子供たちが日々の学習活動において調べたり,まとめたり,発表したりする様々な場面で,ＩＣＴを活用できるよう,教科の特性や児童の実態に応じて指導の工夫が重ねられてきました。図画工作科でも,デジタルカメラで撮影した画像を基に,複数の造形要素を組み合わせて新しいイメージを想像したり,自分たちの活動の過程を互いに見合いながら,課題を発見して次時の目標を設定し直したりするなど,活動のねらいに応じた活用方法が多く実践されています。

今回の改訂での柱としてプログラミング教育が提言されていますが,図画工作科では以下の理由などから,これまでと同様に子供たちの身体感覚を大切に考えられています。

解説書 では,次のように示されています。

> 情報機器は,様々な活動に活用できる機器である。しかし,実際にものに触れたり見たりすることが,図画工作科の資質・能力の育成において重要であることも踏まえ,学習のねらいに応じて必要性を十分に検討し利用することが大切である。

機器の使い方を学ぶためだけではなく,児童の考えや作品などのイメージを伝えるプレゼンテーション場面や鑑賞場面での道具として,情報機器を積極的に活用する工夫が求められています。

Q.34 中学美術へのつながりをどう考えればよいですか?

A.34 これまで,小学校図画工作科が生涯学習へつながる資質・能力としての造形的な創造活動の基礎的な能力を培うことを目指してきた経緯に加え,今回の改訂では「創造性を大切にする態度」を意識することで,中学校美術における「知的財産の意義や重要性の理解」へのつながりが強化されています。

解説書 では,次のように示されています。

> 一人一人の児童の創造性に着目しつつ,それ自体が文化や生活,社会そのものをつくりだす態度の育成につながるという視点を,指導のあらゆる場面で常にもっておくことが必要である。そのことが,中学校美術科において美術文化の継承,発展,創造を支えていることについて理解する素地となるとともに,未来を創造していこうとする態度につながっていく。

ただし,この事項は,教師自身が「一人一人の児童の創造性に着目しつつ,子供自身にとって新しいものやことをつくりだそうとすることを大切にする」意識をもつように示しているのであって,中学校に上がる前に知的財産に関する知識等を身に付ける必要があるということではありません。

これまで以上に子供たちの創造性を重視しているのです。

第3章
展開例

各題材で育てたい資質・能力を
三つのマークで示しました。

 知識及び技能

思考力,判断力,表現力等

学びに向かう力・人間性等

さらさら どろどろ いいきもち

低学年　造形遊び　2時間

育てたい資質・能力

知　土と泥の感触を体全体で楽しみながら，水の量の違いによって，様々な活動に発展していくことに気付くことができるようにする。

思　土と泥の違いを生かして，自分のつくりたい形を思い付き，やってみたいことの発想を広げることができるようにする。

学　友達の活動のよさに関心をもって見たり，自分の活動に生かしたりする。

●主な材料・用具

土，水，じょうろ，板材（ベニヤ板など）

●授業の流れ

1 さらさらの土を手や足で触ってみる。

2 体全体で感じた土の特徴から発想を広げて，思い付いた活動を試す。

3 水を混ぜると泥に変わることを知り，新たな特徴から活動を思い付く。

4 みんなの活動の様子を見て回り，友達の活動のよさや面白さを感じる。

●題材の内容と指導のポイント

　さらさらの土に出合う場面から始まり，体全体で土の感触を感じながら，思い付いた活動を試していく題材である。校内にある畑を耕運機でよく耕しておくことが重要である。

　幼稚園教育から砂遊びや泥だんごづくりを体験している児童は多いが，あらためて土に触れることで新たな特徴に気付き，できそうなこと，やってみたいことを友達と協力しながら進めていく積極的な姿を目指して児童の気付きや活動を支援したい。

　乾いた土は，比較的軽く，指の間から流れ落ちる感触を楽しむ児童が多い。水を少しずつ加えることで粘性が増し，可塑性が高くなる。土の塊を手で握ると指の形が残り，積み上げるとタワーのように高くなる。また，穴を掘ったり，自分のつくりたい形に固めたりして，量感や空間を意識しながら山や川，建物やトンネルなどの見立てを増やしていく。友達が見付けた土の新たな可能性を鑑賞し合う場面をきっかけに，更に活動の発想を広げる意欲を高めるよう声かけをしたい。

　また，手に付いた泥でスタンプをする活動などを自然に試すことができるよう，板で囲む環境づくりなども工夫したい。

●子どもの活動と教師の支援・留意事項

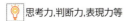 乾いた土の感触を体全体で楽しみながら，土の特徴に気付く。

「下のほうはひんやり冷たい」

「指の間を通り抜けていくのが気持ちいい」

(ア) 乾いた土と湿った土の違いについて活動の後半で友達と話し合う場面を設定するため，初めに触った土の印象を意識させておきたい。

(安) 畑の土を耕す際に，異物や石などの除去を徹底し，安全に活動できる場をつくる。

(思) 体全体で感じた土の特徴から発想を広げて，思い付いた活動を試す。

「上から手のひらの土をさらさら落とすと，砂時計みたいにどんどん山ができていくよ」

「ケーキにお砂糖をふってるみたい。ケーキ山をつくろうよ！」

「だいぶ山が高くなってきたけど，さっきからあまり積もらなくなってきたよ。どうしてかな？」

(共) 児童が土の特徴を感じ取り，できることを見付けることから，つくり出す形や感じをとらえ，自分なりのイメージをもつことができるようにする。

(知) 水を混ぜると泥に変わることを知り，新たな特徴から活動を思い付く。水の量は少しずつ加えることで，土の触感や可塑性が変化する様子をじっくり感じ取ることができる。

「すぐに土の中に水がしみ込んでいく」

「だんだん粘土みたいになってきた」

「にぎると指の形がそのまま残って面白いね」

「手でシャベルみたいにかくと穴が掘れそうだ」

(ア) 感触の違いを周囲の友達と共有する場とする。

学習の展開・凡例　学習の展開のマークは，以下の観点で解説していることを示しています。

知識及び技能　思考力，判断力，表現力等　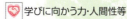学びに向かう力・人間性等

安全指導　〔共通事項〕の指導　(ア)主体的・対話的で深い学び

💡 自分たちの経験や新しく気付いたことをきっかけにして，自分のつくりたい形を思い付いたり，やってみたいことの発想を広げたりする。

「幼稚園で泥だんごをつくったことがあるからつくり方を教えてあげるよ」

「たくさん泥だんごをつくって並べてみよう」

「絵本の『はらぺこあおむし』が歩いてるみたい」

他 活動後に国語や図書の内容で振り返りたい。

❤ 友達の活動のよさに関心をもって見たり，自分の活動に生かしたりする。

「山から集まった水がここでダムになるんだよ」

「すぐにこぼれないように壁を厚くしようよ」

「そっと指で穴を開けたら水が流れるかな？」

ア 互いがもつイメージを言葉で伝えながら，土や泥の特徴を生かして活動を進めている。

💡 手に付いた泥でスタンプをしたり，泥ならではの感触を生かして描いたり，さらに思い付いた活動を広げていく。

「手の形をつなげたら動物が歩いてるみたいだ」

「泥にたっぷり水を入れたらよくのびるよ」

安 ベニヤ板は品質によっては，棘がある場合があるので，開いた段ボール箱等でも代用できる。

🔺 自分の泥だんごを使って描く活動を展開してまわりの友達に紹介していく姿。活動を通して自分が見付けた土と泥の特徴を組み合わせて，新たな表現方法を見付けている。

「さっきつくった泥だんごでチョークみたいにかいてみたら，けっこうよくかけたんだ」

ア 造形遊びの活動は，子供たちの気付きや発想の広がりによって表現の可能性をつないでいく。

主体的・対話的で深い学びのために

造形遊びの活動を俯瞰すると，子供たち一人一人が「どこで」「誰と（複数の友達と）」「どんな活動」をしているかが見えてくる。

造形遊びの第一段階，つまり導入で初めて場や材料と出合った子供たちは，すぐ四方八方に散らばっていく。最も興味のある場所で「ここなら何かができるかもしれない」と直感を働かせたり，材料の山の中から「これを（これとあれを組み合わせて）使うと，面白いことができるかもしれない」と宝物を探すように木片や石ころを見付けたりしている。

つまり，自分と材料（または場所）の関係性において意識を高めているわけである。

続いて第二段階では，「自分と材料（または）場所」の関係に加えて友達との共同的な意識をもって活動する。「ねぇ，一緒にやろうよ」と互いに声をかけ合って一つの活動イメージに向かって取り組む場合や，「あの子面白そうなことを始めたぞ」と近くで見ていた友達が引き寄せられるように活動に参加していく場合など，協働的な活動のきっかけはそれぞれ異なる。

ところが，この後，自分の興味を原動力にして取り組んでいた児童，友達との協力関係で相乗的に意欲を高めていた児童など，それまでやる気に満ちた表情や動き続けていた手が停滞する場面が訪れることがある。

一見すると，集中力が散漫になり，それまでの活動に「飽きた」かのように感じられるかもしれない。

しかし，この場面での子供たちは，まるで鳥のように自分の活動を振り返っているのである。手を止めたり，遠くを見つめていたりするのは，次の活動に向けて自分の考えを整理しているからなのである。

したがって，教師が少し間延びした空気を感じたときこそ，次の展開への手立てを模索する瞬間である。「より主体的な学びへ躍進させるための問いを投げかけるのか」「より対話的な学びを生む鑑賞のきっかけを促すのか」それとも「今は子供たちの次の一歩を待つときなのか」，答えはその場面での子供たちとつくっていくべきだろう。

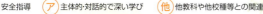

A表現（1）イ・（2）イ

ぼかしあそびで

低学年　　**絵**　　**4**時間

育てたい資質・能力

知 クレヨンやパスなどの扱いに慣れ、思い付いたことを表すために工夫できるようにする。

思 自分の気に入った形や色、模様を発見しながら表したいことを思い付く。

学 クレヨンやパスなどを用いて、ぼかし模様をつくる楽しさを味わう。

●主な材料・用具

クレヨン、パス、ティッシュペーパー、画用紙（四つ切りまたは八つ切り）、はさみ

●授業の流れ

1 クレヨンやパスなどを用いてできるぼかし模様に興味をもつ。

2 いろいろなぼかし模様を試す。

3 ぼかし模様から思い付いたことを基に、想像を膨らませて絵に表す。

4 自分や友達の作品の模様づくりの面白さや工夫した表現に気付き、よさを味わう。

●題材の内容と指導のポイント

　クレヨンやパスなどの描画材料を用いたぼかし遊びから模様づくりを楽しみ、できた模様からイメージを膨らませて、思い付いたことをかき足し、絵に表す内容である。

　クレヨンは、低学年の子供たちが最も使い慣れている描画材料の一つであるが、かいたり塗ったりする行為は経験していても、こすってぼかすという行為をあまり経験していないことが多い。

　まず、点や線を指でこすると、ぼかす方向によって形や色、また色の重なりなどの変化を表すことができるので、試し紙などで自分なりの模様をつくる時間を十分に取りたい。

　また、本題材では、ぼかして鑑賞し、そこから見えてくる形や色からイメージし、さらに描き足してぼかす、という行為が繰り返し行われる。

　つまり、表現と鑑賞を交互に体験しながら、いろいろ試してイメージを重ねていく児童の活動の過程をその場ごとの様子を見取り、評価していきたい。児童がぼかし遊びの楽しさを存分に味わいながら、表したいものを見付けていく過程を大切にしたい。

●子どもの活動と教師の支援・留意事項

🎨 クレヨンやパスで描いて，こすってぼかす活動を楽しみながら，その特徴に気付く。

「こすったら，形がふわふわした感じになった」

「指でこすったときと，ティッシュペーパーでこすったときでは，違う感じになるよ」

「色が薄くなるようにこすると，形が動いていくみたいだ。今度は，向きを変えてみよう」

ア 新しいこすり方など，工夫している児童の表現を取り上げて鑑賞する場面をつくり，更に様々な方法を試してみようとする意欲を高める。

💡 できた模様から思い付いたことを基に，イメージを膨らませて描き加えたり，こすり方を工夫したりする。

「初めにクレヨンで描いた点を指で飛び出すようにこすって，いろいろな色の星をつくったよ」

「黒い線でパズルみたいに部屋をつくって星を仲間に分けたら，星座のように見えたよ」

「でも，黒のままだと星が目立たないから，黒い線の上に白をもう一度塗ってぼかしたんだ」

（クレヨンで描く行為と指でぼかす行為を繰り返しつつ，イメージを次々に変化させている）。

🎨 ぼかす行為を試しながら，色の重なりや奥行きなど新たな特徴に気付いている。

「1本の線をたくさん指でこすってのばすと，あまりクレヨンを塗っていなくても全体がぼやけた感じにできることがわかった」

「森の木を1本描いて指でぼかし，また別の木を描いてぼかすことを続けたよ。そうしたら色と色が重なったところがすごくきれいになってきた」

ア 新たな気付きを共有する場で意欲を高める。

学習の展開・凡例　学習の展開のマークは，以下の観点で解説していることを示しています。

知識及び技能　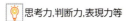思考力，判断力，表現力等　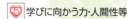学びに向かう力・人間性等

ア 主体的・対話的で深い学び

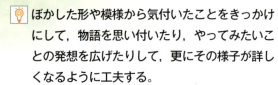 ぼかした形や模様から気付いたことをきっかけにして，物語を思い付いたり，やってみたいことの発想を広げたりして，更にその様子が詳しくなるように工夫する。

「丸をたくさん描いてティッシュでぼかしたらシャボン玉が浮かんでいるみたいに見えてきた」

「どんどん増やしていくうちに，「丸の魔法」という言葉が思い浮かんできて，お話まで話したくなってきたよ」

「上から白い線で丸を重ねて描いてぼかしたらほんとうに魔法のような感じが出てきたんだ」

(他) 活動後に国語や図書の内容で振り返りたい。

ぼかして模様をつくる方法や，その効果について質問し合ったり，紹介し合ったりする。

「そのぼかし方はどうやっているの？」

「わざとザラザラした感じを出したかったからクレヨンを寝かせて塗ったところを段ボールでこすってのばしてみたんだ」

「へぇ！ 私たちのぼかし方と違って岩みたいなゴツゴツした感じがして面白いね」

(ア) 互いがもつイメージを言葉で伝えながら，ぼかした模様の特徴を生かして活動を進めている。

友達と交流した新しいやり方を更に自分の活動に取り入れ，想像を膨らませながら活動を広げていく。

「友達が教えてくれたゴツゴツした感じをもっと試していたら，だんだん星のように見えてきたよ。宇宙からきた不思議ないん石」という物語にしてみようかな」

「実は，このいん石の中には宇宙人もいたんだ」

（鑑賞時に新たなイメージと出合い，自分の物語として取り入れ更に意欲を高めている）

💗 **作品を見せ合い，感じたことを伝え合う。**

「どんなところから思い付いたの？」

「ぼかし模様で工夫したところはどこ？」

「どんなテーマ(物語)なの？」

ア 想像を膨らませながら自分や友達の作品を見合うことができるように，作品を教室や廊下に展示するとよい。また，「どんな場面を想像したのか」「どんなところを工夫したのか」がわかるように，題名や作品の紹介カードを活用するなど工夫すると効果的である。

主体的・対話的で深い学びのために

本題材の魅力は，クレヨンで描いた形をぼかす行為を繰り返す子供たちの気付きによってどんどん増えていく。この「自分が見付け出した表現の楽しさ」を一人一人の意欲につなげていくためには，それぞれの発見を共有する場が必要である。

例えば，ぼかし遊びで見付けたいろいろな表現方法を「ぼかし遊び図鑑」のように1枚の紙にコラージュして展示することで，互いの発見を楽しみながら交流することができ，次の工夫へ生かすことができるだろう。

また，子供たちが自分のイメージを基に，意図的なぼかし方に挑戦するようになっていく後半の活動では，「どんなイメージをもっているか」「そのためにこれからどうしたいか」について聞き取りを進めながら，より主体的な造形活動を目指していきたい。

「次は別のぼかし方を探そう」

「夜のイメージを出すには，どんなぼかし方がいいのかな？」

「虹はわざとこすらないで強いままにして，星との違いを出すんだ」

学習の展開・凡例 学習の展開のマークは，以下の観点で解説していることを示しています。

 知識及び技能　　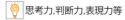 思考力,判断力,表現力等　　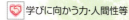 学びに向かう力・人間性等

ア 主体的・対話的で深い学び　　他 他教科や他校種等との関連

すけるん とうじょう

低学年　**立体**　**2**時間

育てたい資質・能力

知 平面から立体になることを知り，加工方法を工夫して表すことができるようにする。

思 切ったり丸めたり組み合わせたりしながら，表したい立体的な形を思い付くことができるようにする。

学 自分や友達の作品の形の面白さや楽しさを味わいながら，進んで活動に取り組む。

●主な材料・用具

クリアファイル，はさみ，油性ペン，色セロハン，セロハンテープ，ホチキス

●授業の流れ

① クリアファイルを好きな形に三つ〜四つに切り分ける。

② 切った形を，丸める・折る・ひねる・つなげるなどして，立体的な形に変化させる。

③ 形同士を組み合わせることで，生き物に見立て，更に付け足しをする。

④ 油性ペンで加色したり，色セロハンで飾りつけるなどして仕上げる。

●題材の内容と指導のポイント

　平面のクリアファイルを切り，手を加えることで立体になる感覚を経験できる題材である。手を動かしながら「どんな立体的な形ができるか？」を試行錯誤し，「この形，何に見える？」という問いかけによって，見え方の違いや方向を変えることで見えるものが変化する経験をし，互いにイメージを広げる。友達との交流の中で思いを広げさせたい。

　本題材で，低学年だからこその豊かな発想力を発揮し，平面から立体に変化する面白さを味わう経験をしてほしい。

主体的・対話的で深い学びのために

　「この形，何に見える？」を合言葉にして，クラス全体やグループ，ペアで話し合うことが重要である。「金魚みたい」「あっ，ほんとうだ」「そしたら，ここをしっぽにしてヒラヒラをつくりたいね」と友達と視点を共有したり，視点の違いを知ったりすることで，イメージを広げていく必要がある。見立てるときに上下左右の方向を変化させることで，一つの物でも方向によって見え方が変わる経験をすることも大切である。

　半透明の材料であるため，作品を重ねたり組み合わせたりしたときにも，透けて見えるということから形や色が響き合い，更に活動の深まりが期待できる。

●児童の活動と教師の支援・留意事項

導入 クリアファイルに油性ペンで線を描き，はさみで切って広げる。そのときに，「平たいクリアファイルから，どんな立体的な形ができるかな？」と問いかけ，試行錯誤させる。

クリアファイルを回しながら，はさみで切る。小さく(細かく)切りすぎないことが大切である。

安 クリアファイルを切った角に気をつける。とがっていて危険な場合は，丸めたり，セロハンテープを巻いたりしてから活動する。

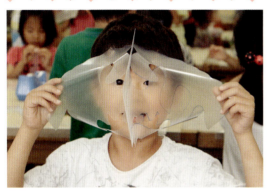

切って広げたクリアファイルを丸める・折る・ひねる・つなげることでどんな形が生まれるか，手を動かしながら試す。ひねることで，形が大きく変化する。

ア クリアファイルから生まれた形を発表し，共有する。板書に整理し，活動を深めさせる。

できた形を組み合わせることで，どんな生き物に見えてくるか，どんなものをつくって付け足せばよいか，イメージを広げる。

共 クリアファイルから生まれる立体的な形を捉え，形からイメージを広げる。

ア クラス全体で，友達の形を例に「この形，何に見える？」と考え発言し合う。その後友達同士で見立て合うことも大切である。

既習経験を振り返り，セロハンテープやホチキスなどの道具を使い分ける。

形から色のイメージも広げて，油性ペンで着色したり，色セロハンでつくって付け足ししたりする。

学習の展開・凡例　学習の展開のマークは，以下の観点で解説していることを示しています。

 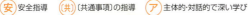

知識及び技能　思考力,判断力,表現力等　学びに向かう力・人間性等

安 安全指導　共 〔共通事項〕の指導　ア 主体的・対話的で深い学び

A表現（1）イ・（2）イ

ふわふわ ゴー

低学年　**工作**　**2**時間

育てたい資質・能力

知　動きの効果を考えて，材料を選んだりつくり方や飾りを工夫したりすることができるようにする。

思　風を当てた動きの面白さから，つくりたいものを思い付くことができるようにする。

学　自他の作品で試したり遊んだりして，形や色と動きの組み合わせを楽しむ。

●主な材料・用具

スチレン皿，はさみ，接着剤，テープ類，色紙などの装飾材料，うちわ

●授業の流れ

① スチレン皿に風を当てた動きを楽しみ，見立てを行う。

▼

② 見立てに合った装飾を工夫し，試し遊びをして動きと装飾の組み合わせを確かめながらつくる。

▼

③ 友達の作品と並べて動かしたり，交換して遊んだりしてよさを味わう。

●題材の内容と指導のポイント

　スチレン皿を半分に切ってうちわであおぐと，あおぎ方によって様々な動きが生じる。ここでの見立てを生かしてつくるものを決める。

　このとき，動きの特徴をオノマトペで表し，自分なりに動きと装飾を関連付けてから装飾をする。

　発想を引き出す動きの多様性を引き出すには，次のようなポイントがある。

・容器を横長に細く切ると，ひっくり返ったり宙返りしたりしやすい。

・皿は，伏せても仰向けでも風でよく動く。

・糸をつけて糸の端に重りをつけると，前へ進む動きは遅くなるが，直進性は増す。

・糸の端を机にテープで留めると，その場で上下する。

主体的・対話的で深い学びのために

　共同の試走場があると関わり合いが生まれ，対話も生まれやすい。単なる速さ競争に陥らないためには対話が有効である。

　活動の序盤に，ペアで1本のうちわを交代で使って，互いの作品の「動き」や「目指すイメージ」を伝え合うようにすると，自分の考えがはっきりする。

　序盤の関わり合いは，活動全体を貫いて自然な対話を引き出しやすくなり，学習を深めることにつながる。

●児童の活動と教師の支援・留意事項

導入 スチレン皿の一辺を切り，うちわの風で動かして見せる。動きの特徴から見立てが生まれたら板書にまとめる。「これ以外にもあるかな？」ピョン，ピョンピョン，ピョン・スー，などを板書し，子供の発見で追加できるように余白を残しておく。

🔺 動く条件は，軽さ，底面の摩擦，あおぎ方，風の受けやすさ。糸や重りで動きが変わる。

(共) 軽い皿などにうちわの風を当てたときの動きの面白さをとらえ，自分なりのイメージをもって装飾を加えて楽しむ。

・糸の端を手でおさえると，前に進まずにその場で浮く動きになる。

・糸の端に洗濯ばさみなどの重りをつけるとゆっくり進み，直進性も高まる。

・重たい装飾で動きが悪くなる子がいたら，軽い材料に置き換えるようにさせたい。

💡 友達と一緒に動かして動きを見付ける。

(言) ペアで交互に動かしながら，言葉でも考えを伝え合う。話すことで考えがまとまっていく。

(ア) 共同の試走場で交代に動かすことで，関わり合いが生まれ，対話も生まれる。帯紙でしっぽをつけて後ろからあおいだら，あおぐたびにしっぽがゆれて作品のよさが増すような発見を認め合い，応用しようとする。自分の考えを決めて動かすことで，単なる速さ競争のような遊びばかりを繰り返さなくなる。

(共) 動きのイメージからの見立てで作品化して装飾を工夫した。反対に，つくったもの，例えば，ネコに様々な動きをさせたい（ピョンとはねる，一回転するなど）という思いや試しも生じる。これらの見立てや試しは双方向に繰り返されながら，活動を楽しく深いものにしていく。

学習の展開・凡例　学習の展開のマークは、以下の観点で解脱していることを示しています。

知識及び技能　　思考力,判断力,表現力等　　学びに向かう力・人間性等

〔共通事項〕の指導　言語活動の充実　主体的・対話的で深い学び

B鑑賞（1）ア　A表現（1）ア・（2）ア

イロイロ・いろ水さん

低学年　**鑑賞**　**2**時間

育てたい資質・能力

知　水彩絵の具で色水をつくることを楽しみながら，自分の思いに合った色水づくりの工夫ができるようにする。

思　色水をつくりながら，色の濃淡を考えたり，つくりたい色を思い付いたりすることができるようにする。

学　絵の具の色の仕組みや変化を見て，感じ取ったり，友達の色水を見たりすることを楽しむ。

●主な材料・用具

水彩絵の具，筆，透明カップ，トレイなど

●授業の流れ

① 透明カップに水を入れる。

② 水彩絵の具を混ぜて色水をつくる。

③ 「見る・つくる」を繰り返し，思いを広げ，色水づくりの工夫をする。

④ 友達と色水を見合ったり，見て話し合ったりする。

●題材の内容と指導のポイント

　まず，二つの透明カップに水を入れ，10色程度の絵の具から好きな色を1色ずつカップに入れて色水をつくる。透明感が感じられるように，水彩絵の具を用意する。水に溶けていく色の様子や，色の濃淡の変化などに注目させ，児童は「見る・つくる」を繰り返しながら，色の仕組みや変化を感じ取り，色水づくりを楽しむ。

　そして，2色の色水を混ぜて新しい色をつくったり，更にカップの個数を追加して，違う色水をつくり，混ぜたり水を入れ替えたりして，鑑賞（見る）と表現（つくる）を繰り返し，色の仕組みや絵の具の特徴を捉え，自分のつくりたい色を追求する。

　最後には，活動を通して発見したことなどを話したり聞いたりして振り返りをする。

主体的・対話的で深い学びのために

　水の量や色を自分で決められる授業展開にし，色が変化する面白さや見てつくる（鑑賞と表現）楽しさに気付くように促す。

　また，表したい色を見ながら追求できる設定にし，児童の気付きを教師が言葉にして伝え，共感的に取り組んでいく。

　子供同士が自分のつくった色水をどう見せたいか工夫し，感じたことや考えたことを交感することで更に対話が生まれ，色を通しての感じ方が深まっていく。

●児童の活動と教師の支援・留意事項

導入 透明カップを二つ渡し，水を入れ，好きな色の絵の具をそれぞれに1色ずつ入れて色水をつくる。

言 最後の振り返りで，色水づくりから，色の仕組みや絵の具の特徴などについて，気付いたことを話し合うことをあらかじめ伝えておく。

思 水の量や絵の具の量で色水の色合いが異なる特徴を捉え，自分の思いに合った紫系の色で，濃さや薄さを考えながらつくっている。

知 透明感のある色にするために，光に透かしながら，水や絵の具の量をよく見て試し，量を決めて自分の表したい色をつくった。

思 更に一人分の透明カップの個数を増やし，つくりながら，色水の感じを見て，色合いを考えたり決めたりして，色の組み合せや水の量などを工夫してつくっていく。

共 水に水彩絵の具を混ぜたり，色水を混色したりすることから，色の変化を見て感じ取り，自分のイメージをもつ。

学 できた色水を児童同士で見合って話したり，色の感じに合わせて並べたりして，色の特徴を感じ取る。

学習の展開・凡例 学習の展開のマークは，以下の観点で解説していることを示しています。

 知識及び技能　 思考力,判断力,表現力等　学びに向かう力・人間性等

 〔共通事項〕の指導　言 言語活動の充実

A表現（1）ア・（2）ア

いい場所見つけて，囲んでみよう

中学年　**造形遊び**　**2**時間

育てたい資質・能力

知　自分の願いや考えを基に，選んだ場所に合わせて，材料の扱いを工夫できるようにする。

思　場所を囲むことから発想を広げ，材料を選びながら，やりたいことを思い付いたりつくったりできるようにする。

学　囲んだ場所の面白さを見付けたり，自分や友達の活動のよさを感じたりする。

●主な材料・用具

ポリエチレンシート，スズランテープ，養生テープ，ビニル袋，油性ペン，はさみ，セロハンテープ

●授業の流れ

① 活動について話し合う。

▼

② 囲んでみたい場所を見付ける。

▼

③ 見つけた場所を囲ったり，思い付いた活動をしたりする。

▼

④ 活動場所を紹介し合い，よさを感じ合う。

●題材の内容と指導のポイント

普段，見慣れた校内の様々な場所に関わりながら，これまでの経験を総合的に生かし展開していく造形遊びの活動である。

材料の特性を生かして，場を仕切ることから生まれる空間は，普段，見慣れた場所の見方を変えたり，新しい感じ方で捉えたりする経験となる。見つけた場所を囲みながら，場に合わせて材料を選んだり，組み合わせを工夫したりできるようにしたい。

主体的・対話的で深い学びのために

本題材は，主体的に場に関わることから始まる。屋外での活動は，校庭の木々や遊具などの形や色，場所の特徴に着目させることが大切である。それらをどのように生かして材料と組み合わせるかについて，活動を通して思いを広げていく。

広さや高さのある空間に対して，一人で変化させるのではなく，友達と協力して活動することで，友達の表し方のよさや工夫に気付いたり，自分と友達との感じ方の違いを知ったりすることができる。

友達との対話や活動を通して，新しい見方や感じ方（風景が変わることのよさや自分たちの働きかけで変わることに気付くことなど）が生まれ，より深い学びへとつながる。

●児童の活動と教師の支援・留意事項

導入 校庭のお気に入りの場所を変化させるには，どんなアイデアがあるかを友達と話したり，実際にその場に行ってみたりしてイメージを広げる。

見つけた場所を自分にとっての「いい場所」に変えるための材料を用意し，囲ってみるなど，「場」に働きかける。

🔷 囲った場所をもっと「いい場所」にするために他の材料との組み合わせを試したり，つけ方やつなぎ方を工夫したりする。

安 刃物の管理や高所での活動については，教師が十分に目を配り，児童と確認をする。

💡 囲ったりつないだりしながら，自分のイメージに合わせて自由に表す。

ア 友達と一緒に活動することを通して，互いのアイデアや表し方を交換し，その中から自分の考えを深めたり広げたりする。

共 囲んだ場所の様子と材料を組み合わせてできたものの形や色を基に，自分のイメージをもつ。

「シートに葉っぱの影が映って，模様のある壁みたいになってきれい」
「僕だけのお気に入りの場所になったよ」

❤️ みんなで表した場所を鑑賞し合う。くぐったり，離れて見たりするなど，体全体で「いい場所」のよさや面白さを感じ取る。

ア 自分が場に働きかけることで，普段，見慣れた場所が変化することの楽しさを味わい，友達と協力したことで，更なる活動へのアイデアや意欲へとつながる。

学習の展開・凡例　学習の展開のマークは，以下の観点で解説していることを示しています。

知識及び技能　　思考力,判断力,表現力等　　学びに向かう力・人間性等

安全指導　〔共通事項〕の指導　主体的・対話的で深い学び

A表現（1）イ・（2）イ

絵の具と水のハーモニー

中学年 **絵** **2時間**

育てたい資質・能力

知
絵の具と筆の扱いに慣れながら，形や色，筆跡の違いが分かり，様々な感じを生み出しながら工夫して表すことができるようにする。

思
好きな形や色，筆でかく快さから表したい感じを考えたり，自他の活動の造形的なよさや面白さについて考えたりして，見方や感じ方を広げることができるようにする。

学
進んで絵の具でいろいろなかき方を試す活動を通して，つくりだす喜びを味わうとともに，形や色と関わることを楽しむ。

●主な材料・用具

画用紙，筆，水彩絵の具，タオル

●授業の流れ

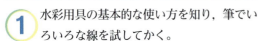
水彩用具の基本的な使い方を知り，筆でいろいろな線を試してかく。

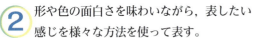
形や色の面白さを味わいながら，表したい感じを様々な方法を使って表す。

3 自分や友達の表現のよさや面白さを見つけ，見方や感じ方を広げる。

●題材の内容と指導のポイント

自分の好きな色を水彩絵の具でつくり，画面に思いのままに筆を振るうことを楽しむ題材である。

筆の跡，点や線などの形や色，強弱などの筆致で生まれるリズム，水を加えることで生まれる色やにじみの面白さなど，自分の表したい感じや思い付いたことをかいていくことを通して，造形的なよさや面白さについて考えることができる学習である。

筆から生まれる形や色に心おどらせながら，次はこんな感じに表したいという思いを引き出していくことを大切にしたい。

主体的・対話的で深い学びのために

色をつくる，水の量を加減する，筆圧を変えてみる，色を重ねてみる，紙のどこにどんな色を置くか考えるなど，試行錯誤することは自己決定の連続になり，まさに主体的な学びとなる。

その過程では，自分との対話，絵の具の色や形との対話も繰り返される。抽象的な作品なので，見立ててイメージをもつことから友達との対話や交流が生まれやすく，深い学びへとつながるだろう。

また，本題材で身に付けた絵の具の特性や面白さを今後の活動に生かせるように，題材配列を工夫することも大事である。

●児童の活動と教師の支援・留意事項

導入 パレットや筆洗などの使い方について説明を聞くだけでなく，水の量によって絵の具の感じの違いが変わることなどについて体験を通して分かるようにする。

絵の具を混ぜたり，水の量を変えたりすることで色の感じが変わることが分かる。

「水の量が多目と少な目を組み合わせて表そうかな」「似た色を重ねて表そう」などと十分に試行錯誤させ，自分の感覚や行為を通して理解させたい。

次の色に変えたいときには，筆洗でしっかりと洗うことを知る。

水の量の加減や色の選択，筆の運び方を様々に試したり見つけたりしながら，表し方を工夫して表す。

(共) 絵の具を使って自由にかく活動を通して，形や色などの感じが分かり，これを基に自分のイメージをもつ。

水彩絵の具を使っていろいろなかき方をたくさん試していく活動を通して，つくりだす喜びを味わうとともに，進んで形や色に関わることを楽しむ。

自他の活動を見ることを通して，絵の具を使って表すことのできる造形的なよさや面白さについて考え，見方や感じ方を広げていく。

左の児童は，自分がかいた線を基に「次の線をこんな感じでかこう」と考えて表している。

(共) 絵の具を使って自由にかく活動を通して，「ここにこんな線をかいてみようかな」「この色とこの色を組み合わせて表してみよう」などと，次第に形や色の感じに着目しながら，自分のイメージをもって活動できるようにする。

学習の展開・凡例　学習の展開のマークは、以下の観点で解説していることを示しています。

 知識及び技能　 思考力,判断力,表現力等　学びに向かう力・人間性等

(共) 〔共通事項〕の指導

発見！ ねんどランド

中学年　立体　2時間

育てたい資質・能力

知　粘土でできることを試し，表したいことに合わせて方法を工夫し，表すことができるようにする。

思　どんな「ねんどランド」を表すか思い付き，どのように表すか考えることができるようにする。

学　友達と協力し，互いの表現のよさを認め合いながら「ねんどランド」を進んで表す。

●主な材料・用具

土粘土（グループで10Kg程度），粉粘土，粘土板，へら，かき出しべら

●授業の流れ

① 学習のめあてをつかみ，どんな「ねんどランド」にしていきたいか考える。
▼

② グループで協力して「ねんどランド」を表す。
▼

③ 互いの表現を見合い，そのよさを味わう。

●題材の内容と指導のポイント

　本題材では，土粘土を用い，協力して自分たちが行ってみたい「ねんどランド」を表す。どんな「ねんどランド」にしたいかを考え，グループで相談し，テーマを発展させながら立体に表していく。

　土粘土は感触が心地よく，可塑性があり，やり直しも容易である。児童はこの特性を生かし，様々な方法で形をつくる。粘土という材料自体がもつ魅力，また，想像力を働かせ，皆でつくり上げたいと思えるテーマの設定から，協力し，進んで活動することができるだろう。

　指導に当たっては，一人一人が「ねんどランド」の建設者であることを知らせ，各自の考えが尊重されるようにしていく。

　導入では粘土に十分触れる時間をとり，形づくりに使えそうな用具も用意しておき，自由に試させる。このように材料や用具の特性に気づかせた上で，どんな表現ができそうか，一人一人が思いをもつ場面を設定する。

　その後，グループで相談する場や交流の場などを設定し，自分たちがつくる「ねんどランド」のイメージを明確にしながら活動できるようにしたい。

●児童の活動と教師の支援・留意事項

🔺 粘土でできることを試しながら，その特性を理解する。

「触るとひんやりするね。気持ちいい！」

「やわらかいな。糸ですっと切れるよ」

「四角にしたり丸くしたり，いろんな形にできるね」

💡 どんな「ねんどランド」を表していくか，思いをもつ。

　(共) 粘土の形を様々に変えることを通して，形の感じに着目しながら，自分の表したい「ねんどランド」のイメージをもつ。

「動物がいっぱいいると，おもしろそう」

「積んでいったら，山ができるな」

💡 グループで話し合いながら，どんな「ねんどランド」にしていくか考える。

💗 互いの意見を尊重し合いながら，協力して「ねんどランド」をつくろうと意欲をもつ。

「真ん中に大きな建物をつくろうよ」

「どんな建物がいい？」

「遊園地みたいに遊ぶものがたくさんあるといいな」

　(言) 互いの考えを交流するよう促す。

🔺 用具の使い方や方法を工夫し，協力して表していく。

「高くしていきたいね」

「柱を太くして立てれば，高くできるよ」

「間がトンネルみたいになった」

「じゃあ，この下に道をつくろう」

学習の展開・凡例 学習の展開のマークは，以下の観点で解説していることを示しています。

🔺 知識及び技能　　💡 思考力,判断力,表現力等　　💗 学びに向かう力・人間性等

(共)〔共通事項〕の指導　　(言) 言語活動の充実

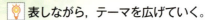 表しながら，テーマを広げていく。

「道が立体的になっていくといいよね」

「下に支えを入れてみようよ」

「万里の長城みたい！」

　ア　児童の思いや考えを聞き取りながら，表現
　　の工夫を見取って励ましていく。

「道が立体的になっているんだね。これからどんなふうになっていくのかな？」

イメージをもちながら，材料の使い方を新たに考えていく。

「粘土の粉は，白っぽいね」

「ふりかけたら，雪みたいだよ」

「これ，雪山にしよう。雪だるまもつくろうかな」

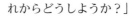 友達の表現のよさを見つけながら互いに認め合い，更に表していく。

「見て，これは城の屋根だよ」

「すごい！　形を細かくつくってるね」

「いいね！　ぼくも一緒につくるよ」

「だんだんいろいろなものができてきたね。これからどうしようか？」

つくりつつあるものの全体の様子を見たり，他のグループの活動を見たりしながら，気付いたことを表現に取り入れていく。

「粉の粘土をふりかけているグループがあったよ」

「わたしたちもやってみよう。どうかな？」

「お～，いい感じ。色が変わった！」

🔺 互いの表現を見合い，よさや面白さを感じ取る。

💗 友達の工夫や表現のよさを認め伝え合う。

ア 「どんなものを表したか（主題）」「どうやって表しているか（方法）」「形の面白さ」などの見る視点を伝え，交流を促す。

「真ん中の建物が堂々としているね。こんなに高くできて，すごいな」

「線路がぐるっとつながって，建物の下を通っているよ。よく考えたね」

「電車も走っているんだよ」

「ほんとだ！ 楽しい感じがするね」

主体的・対話的で深い学びのために

本実践では，児童が自ら「表したい」と表現に主体的に向かい，友達と思いや考えを共有しながら，造形的な視点をもって表す姿を目指して授業デザインの工夫を行っている。

表現は，何を（表現主題），何で（表現材料），どのように（表現方法）表していくかという三つがそろって初めて成立する。このそれぞれの設定に児童の実態に合わせた授業者の意図が必要である。また，表現を促進させるためには，場の工夫や適切な声掛けなどの指導の工夫も欠かせない。

本実践では主題をもつきっかけを「自分の行ってみたい『ねんどランド』」とし，そこに何があるか，どんな場所なのかは，児童に委ねている。自由度とストーリー性をもたせたことで，児童の想像力を引き出せると考えた。

また，材料は，土粘土，粉粘土の二種類である。土粘土は可塑性があって自由に形づくることができ，児童の「こうしたい」という思いを実現しやすいと考えた。

更に，表現方法は児童自身が活動や行為から見付けることができるよう，材料と触れ合う場の設定と用具の提示を行っている。

ここでは，互いのよさを伝え合い，高め合うことをねらって，共同してつくりだす活動にしている。その中で話し合う視点，見合う視点を示した。こうすることで，対話の質が上がり，造形的な見方・考え方を働かせて学ぶことが可能になっていくだろう。なお，児童が発揮しているよさを見取り，伝えることで，児童が発揮している力を伝えていくことも重要である。

A表現(1)イ・(2)イ　B鑑賞(1)

トントンつないで

中学年　工作　6時間

育てたい資質・能力

知　用具の扱いに慣れ，木片の切り方やつなぎ方を工夫して表すことができるようにする。

思　木片の形や，つなぐことで生まれる動きからイメージをもち，表したいことを見付け，どのように表すか考えることができるようにする。

学　自分や友達の作品の形や動きのよさや面白さを伝え合いながら，進んで活動に取り組む。

●主な材料・用具

角材，薄い板（ベニヤ端材），釘，のこぎり，きり，金づち，ペンチ

●授業の流れ

① 学習のめあてをつかみ，角材を様々な形に切る。

▼

② 木片を薄い板でつなげ，動きから思い付いたものを工夫して表す。

▼

③ 互いの作品を見たり遊んだりし合い，互いの表現のよさを味わう。

●題材の内容と指導のポイント

　本題材では，角材と薄い板材を釘でつなぐことで生まれる動きの面白さから発想を広げて，生き物や乗り物など思い付いたものを表していく。

　角材は固く丈夫で，のこぎりをひく感触も心地よく，児童にとって手応えが感じられる材料である。この角材を様々な形に切り分け，薄い板の端材と釘1本でつなぐことで動く仕組みができる。

　角材をどのように組み合わせて釘を打つかで可動域が変わり，複雑な動きの表現も可能になる。児童は，「こんなことができた！」という驚きと喜びを感じることができるだろう。

　指導に当たっては，つなぎ方や動き方の工夫からイメージを広げ，表したいことを見付けられるようにしていきたい。そのために，まずは角材を切ることや，端材でつなげて動きを試すことが十分にできるようにする。

　また，安全指導については確実に行い，前学年までの経験を生かせるように，用具や材料の提示の仕方を工夫していく。材料を追加したり選び取ったりできるようなコーナーを設置し，発想の広がりに応じて活用できるようにしたい。

●児童の活動と教師の支援・留意事項

💗 参考作品を鑑賞して動きを生み出す仕組みを知り，活動のめあてをもつ。

「動く仕組みはこうなっているんだね」

「早くやってみたいな」

(安) 用具の正しい扱い方，安全面の注意を確認する。

🗺 のこぎりを使って長さや形に変化をつけて，角材を切り分ける。

「のこぎりは３年生のときも使ったね。引くときに力を入れるんだったな」

「長くしたり短くしたり，形もいろいろ変えて切ってみよう」

「動かないように端を持っているよ！」

💗 互いにアドバイスし合い，協力して安全に活動する。

💡 接合に使う薄い板の端材や装飾に使えるウッドチップ，木っ端，木の皮などを自由に選べるコーナーを教室中央に設置する。

(共) 板の形からもイメージを広げられるようにする。

「大きく動かすには，長い板のほうがいいな」

「三角の板は，どんなふうに使えそうかな」

🗺 つなげたい位置を決め，きりで導き穴を開けて接合していく。

「きりは手のひらではさんで，上から下にもみ下ろしていくといいんだな」

「こうすると板が割れずに，釘が打ちやすくなるね」

学習の展開・凡例　学習の展開のマークは，以下の観点で解説していることを示しています。

 🗺 知識及び技能　💡 思考力,判断力,表現力等　💗 学びに向かう力・人間性等

 (安) 安全指導　(共) 〔共通事項〕の指導

💡 角材をつなげることで生まれる動きを確かめながら，イメージを広げ，表したいものを考えていく。
「長い角材に短い角材をつなげたら足みたいになったよ」
「長くつなげていったら，龍に見えてきたよ」
「こっちも動かせるようにしたらどうだろう」

❤️ 互いの発想を交流しながら，よりよい表現を目指して表していく。
「面白い形になってきたね」
「こんなつなぎ方もできるんだ！　ぼくもやってみよう」
「ここに釘を打つのは難しいなあ」
「こうすればいいんじゃない？　押さえていてあげるよ」

🔺 つなぎ方を考え，飾りを加えるなどして表し方を更に工夫していく。
　共 できつつある形からイメージを広げていく。
「動くところをもっと増やしてみよう」
「目や口をどうやって表していこうかな。材料コーナーで探してこよう」

❤️ 友達の工夫や表現のよさを認め伝え合う。
　ア 「どんなものを表したか（主題），どうやって表しているか(方法)，形の面白さなどの見る視点を伝え，交流を促す。
「これは不思議な生き物で，ここが動くんだよ」
「つないだ部分が飾りにもなっているんだね。動きがとても面白いと思うよ！」

主体的・対話的で深い学びのために

本実践では，角材の動きからイメージをもって表したいことを考え，材料や用具の使い方を工夫して表す力をつけることをねらい，授業デザインの工夫を行っている。

導入では，試作の鑑賞を通して活動のイメージをもたせ，学習のねらいを明確に示すとともに，用具の使い方を丁寧に確認した。

本実践ではのこぎりやきり，金づちなどを用いているが，間違った使い方は危険なだけではなく，表したい思いを実現できないことで意欲の減退にもつながる。用具の扱いについては，安全面も含め正しい知識が必要である。

ただし，技能は，実際にやってみることで身についていくものである。のこぎりをひく感覚，力の入れ具合，釘をまっすぐ打ち込むコツなど，繰り返し挑戦することでつかんでいけるよう，十分に時間をとるようにしていきたい。

本実践では，児童は角材をつなぎ実際に動かしてみることでイメージをもち，表したいものを考えていった。ここでも様々なつなぎ方を試行することを大切にしたい。教師が手順ややり方を指示しすぎてしまうと，子供の学びのチャンスを奪ってしまう。「こんなこともできるよ」「こうすると面白い動きになったよ」という児童の驚きや喜びの声に共感していくことが主体的な学びの姿を生み出していくだろう。

また，児童が共に高め合えるような環境設定をすることも授業をデザインする上で大切

な視点である。本実践では，自然な交流が生まれる場についても工夫をしている。教室中央に材料コーナーを設置し，自由に選べるようにしたことで，自然と児童が集まり発想や表現方法の工夫を交流する姿が見られた。また，自分の席と材料コーナーを行き来することで友達の表現を目にする機会も増える。よい工夫を見つけると，「それ，いいアイデアだね」「わたしもやってみたい」と積極的に自分の表現に取り入れる姿が見られた。

更に，学びを深めるためには，教師の声掛けも重要なポイントである。木の感触，切った木の形，つなぐことで生まれる動きから何を感じているのか，どんなイメージをもっているのか，対話することで造形的な視点を明確にすることができる。また，児童の表したい思いや，表し方の工夫などを丁寧に見取ったり聞き取ったりすることも，児童が自分のよさに気付くことにつながっていくのである。

学習の展開・凡例 学習の展開のマークは，以下の観点で解説していることを示しています。

 知識及び技能　　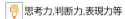 思考力,判断力,表現力等　　🫀 学びに向かう力・人間性等

(共) 〔共通事項〕の指導　　(ア) 主体的・対話的で深い学び

夢をつかめ，ドリームキャッチャー

中学年　**工作**　**6**時間

育てたい資質・能力

知 用具の扱いに慣れ，自分の願いや考えに合わせて，工夫して活動できるようにする。

思 のこぎりで角材を切った形の組み合わせから，つくりたいものを思い付くことができるようにする。

学 友達の工夫のよさに関心をもって見たり，自分の作品に生かしたりする。

●主な材料・用具

角材(小割または胴縁)1.2m程度，釘，毛糸，絵の具，のこぎり，クランプ（万力），金づち

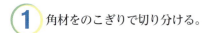
●授業の流れ

1 角材をのこぎりで切り分ける。

▼

2 切った木片を組み合わせながら釘でつなぎ，自分が考える形の枠をつくる。

▼

3 枠に着色し，毛糸を結ぶために釘の頭を残しながら金づちで打つ。

▼

4 毛糸を釘に結ぶことで生まれる形を想像しながら，枠の内側を編み込む。

●題材の内容と指導のポイント

　角材をのこぎりで切るという心地よい活動をきっかけにして，切った木片を組み合わせて枠の形をつくり，毛糸を結んでいく。中学年になり芽生える周囲とのコミュニケーションの喜びを造形的な見方・考え方とともに味わうことができる題材である。

　円形が多いドリームキャッチャー(北米先住民の御守)から発想を広げ，切り分けた角材の本数により，幾通りもの形の枠ができることを導入場面で児童の気付きから共有したい。

　切り分けた角材を釘でつないで組み合わせることから，それらがつくりだす形や感じを捉え，自分なりのイメージをもつとともに，枠の形をきっかけにして自分の願いや思いを具現化させたい。

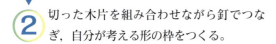
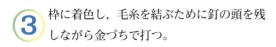
主体的・対話的で深い学びのために

　「木工作はやり直しが効かない」という先入観を崩しながら，釘を抜いたり，位置をずらして打ち直したりして，自分の表現を見つめ直す経験を大切にしたい。また，試行錯誤を重ねることで「自分がつくりたい形」などのイメージを明確にしていく鑑賞場面を積極的に設定したい。隣の友達，班の友達，学級全体などの交流を通して，随所で個々の考えを深めたい。

　つくり，つくりかえ，つくることを繰り返し，自分の表現を追求させることで，深い学びへとつながっていくのである。

●児童の活動と教師の支援・留意事項

[導入] 切り分ける角材の本数により，幾通りも枠の形が予想できることを児童の発想から列挙する。板書に整理し，活動のイメージを広げる。

[知] 角材をのこぎりで2～8本程度に切り分ける。切った木片はやすりがけし，個別の袋に保管する。

> [安] 既習経験を振り返り，安全な扱い方（のこぎりの持ち方や姿勢，刃の種類など）や安全に配慮した活動環境（活動エリアの決まり，椅子や作業机の活用，軍手やクランプなどの補助具の説明など）を確認する。

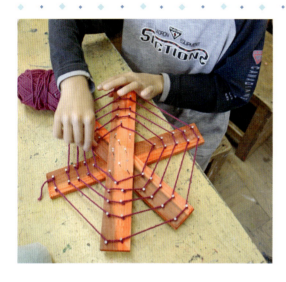

[思] 切った木片を組み合わせて釘でつなぎ，自分が考える形の枠をつくる。

> [ア] 枠の形がある程度できたら，製作を進める前に互いの作品を見合う場を設定し，より自分の考えに合う木片の組み合わせ方（角材の重ね方，曲線の表し方など）を追求させたい。

[知] 枠に着色し，毛糸を結ぶために釘の頭(約1cm)を残しながら打つ。

> [安] 釘の打ち方の確認をしっかりと行う。

[思] 毛糸を釘に結ぶことで生まれる形を想像しながら枠の内側を編み込む。

> 左の児童は，毛糸を結んでは外し，位置を変えて結んでは再び外して，できる形を模索している。

[学] 互いの作品を鑑賞し合うことで，友達の工夫のよさに関心をもって見たり，更に自分の作品に生かしたりする。

> [共] 角材の組み合わせ方により生まれた形や感じについて紹介したり，「どんな夢をつかまえるか」について話し合ったりする活動を通して，自分のイメージを明確にもつようにする。

学習の展開・凡例　学習の展開のマークは，以下の観点で解説していることを示しています。

知識及び技能　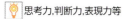思考力,判断力,表現力等　学びに向かう力・人間性等

安全指導　[共][共通事項]の指導　[ア]主体的・対話的で深い学び

さわりごこちコレクション

中学年　**鑑賞**　**3**時間

●題材の内容と指導のポイント

　材料の触り心地の違いを味わい，友達と関わり合いながら，触感のよさや面白さを感じ取ったり考えたりして，自分の見方や感じ方を広げる題材である。自分の感覚や行為を通して，材料のいろいろな触り心地を捉え，自分のイメージをもつ。

　身の回りにある様々な材料に目を向けさせるとともに，友達との交流の中で自他の感じ方の共通点や相違点などに気付けるようにする。

育てたい資質・能力

知　材料のいろいろな触り心地に気付くことができるようにする。

思　材料のもつ触感のよさや面白さを感じ取り，自分の見方や感じ方を広げることができるようにする。

学　友達と関わりながら，いろいろな材料の触り心地の違いを楽しむ。

主体的・対話的で深い学びのために

　活動は材料集めから始まっている。数週間前から活動を予告して材料のもついろいろな触感に興味をもたせ，身の回りのものから自分で材料を集めてくるようにする。このことにより選択的注意が働き，普段から注意して身の回りのものを造形的な視点で見ることにつながる。また，集めて来た材料を紹介し合う場を設け，友達と交流して更に新たな触感に気付いたり，触感の面白さを感じ取ったりして，材料集めの意欲を高めるようにしたい。

　鑑賞の際には，触り心地を言語化することで，自他の感じ方の違いを感じ取ることができるようにする。自分の作品を触ってもらったり友達の作品を触ったりして，感じ取ったことや考えたことを話し合うことで，個々の気付きや感じ方が自然に広がるようにしたい。

●主な材料・用具

台紙，接着剤，はさみ，触り心地の異なる様々な身辺材料

●授業の流れ

① 材料の触り心地について体感する。

▼

② 身近な材料で触り心地の面白い材料を集める。

▼

③ 集めた材料を台紙に貼る。

▼

④ 触り心地を味わいながら鑑賞する。

●児童の活動と教師の支援・留意事項

導入 （事前）自分が面白いと思う触り心地の材料を集めてくることを知る。

♥ ブラックボックスなどを利用して材料の触感を味わうことを体感させ，活動への意欲をもたせる。

💡 集めて来た材料を机の上に並べ，友達と一緒に見たり，触ったりする。

言 友達と意見交換することから，触った感じを言語化させることで，触り心地の自他の感じ取り方の違いに気付くようにする。

🖼 表したい触り心地を集めて台紙に貼り付け，自分の「さわりごこちコレクション」をつくる。

共 材料を触って感じたことから自分なりにイメージをもち，材料の質感が感じ取れるように，並べ方や貼り方を工夫して表す。

♥ 各自がつくった「さわりごこちコレクション」を見せ合い，友達のつくった「さわりごこちコレクション」を鑑賞して楽しむ。

言 感じたことを話したり，友達の話を聞いたりすることで，材料の形や色，質感などの面白さに気付くようにする。

ア 友達と交流しながら似た触り心地や異なる触り心地を見付け，様々な質感や感じ方があることに気付くようにする。

♥ 全員で作品を見て回りながら，自分がつくったものを発表したり感想を話し合ったりして，活動について振り返る。

学習の展開・凡例 学習の展開のマークは，以下の観点で解説していることを示しています。

 知識及び技能　💡 思考力,判断力,表現力等　♥ 学びに向かう力・人間性等

 〔共通事項〕の指導　ア 主体的・対話的で深い学び　言 言語活動の充実

絵から語ろう
―「はなおとこ」をきっかけに―

中学年　鑑賞　2時間

育てたい資質・能力

知　作品の形や色などの感じをつかみ、自分の思いや考えを語ることができる。

思　見て感じ取ったものから、自分の経験や想像と結び付けて、イメージを広げることができる。

学　互いの見方や考え方の違いを楽しみ、意欲的に語りの場に参加する。

●主な材料・用具

掲示用の絵（今回は「はなおとこ（作：ヴィヴィアン・シュワルツ／絵：ジョエル・スチュワート／訳：ほむらひろし 偕成社刊　2009年)」を用いた）

●授業の流れ

1　絵を見て、見えるものを発表する。

2　どんな場面か考える。

3　どんな台詞（せりふ）を言っているのか想像し、紙に書く。

4　友達の考えた台詞を聞いて、どの絵の台詞なのか考え、理由を発表する。

●題材の内容と指導のポイント

本題材は、クラス全員が絵の近くに集まり、同じものを見る。自分の思いを語り、友達の考えとの違いから、更に考えを深めていく活動である。

発言が板書されることで、可視化されることが重要である。活動が充実したものとなるためにも、教師は子供同士の発言をつなげる・視覚化する・見る視点を投げかける等のファシリテーターとしての役割が重要となる。

同じ絵を見ても、どんな場面なのかは意見が分かれてくる。「違うことを考えたよ。この仕草や物はこんな意味があるから、こんな場面だよ」と、違いをきっかけに教師はファシリテーターに徹して話をつないだり振ったりしていく。板書のときに違う意見は色を変えるなどの工夫も必要である。今回は「はなおとこ」という絵本の挿絵を使って語りを行ったが、様々な絵などの資料で応用できる。

主体的・対話的で深い学びのために

児童が自分の感じたことや思ったことを自由に発言しやすいように、初めは目に見えるもの、そして目に見えた形や色からどんな場面なのか想像したことも加えるなど、段階を踏んで語りを深めてく。

また、友達と違う見方・考え方の発言を積極的に取り上げ、語りを広げ、深めていく。

●児童の活動と教師の支援・留意事項

導入 8枚の絵を提示する。「はなおとこは一体どんなことをしているのだろうか。みんなで見てみよう」「はなおとこの回りには，何が見えるかな？」と，初めは目に見えるものを発言させ，教師は板書する。

(共) 形や色を手掛かりに見えるものを発表する。

導入で見えたものから，「はなおとこは一体何をしている場面かな？」と場面を想像し，意見を交流させる。子供たちは，自分の経験と結び付けながら語る。

(共) 描かれているものの形や色から思いを広げて，伝え合う。形や色など造形的な見方・考え方に立脚することが大切である。

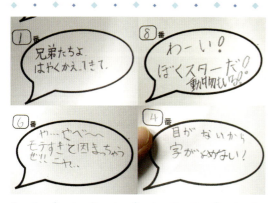

1枚の絵でも，いろいろな場面に解釈できることを経験した後に，「はなおとこは，どんなことをつぶやいているだろう？」と場面を踏まえて考え，プリントに書く。8枚中，思い付くものだけ書く。

(情) 次の活動につながるように，児童のプリントを記録し，モニターに映せるように準備する。

クラス全員で，友達の台詞について，どの絵の台詞かを考える。

(ア) このとき，教師は同じ台詞でも違う絵の意味に感じ取った児童の意見を中心に取り上げる。友達と違う見方・考え方の発言を取り上げることで，語りを広げ，互いの考え方が深まっていく。

学習の展開・凡例　学習の展開のマークは，以下の観点で解説していることを示しています。

 知識及び技能　 思考力,判断力,表現力等　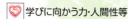 学びに向かう力・人間性等

 〔共通事項〕の指導　 主体的・対話的で深い学び　 言語活動の充実　 情報機器の利用

○○色でつながろう！
—色の仲間の材料から—

高学年　造形遊び　2〜3時間

育てたい資質・能力

知　材料の形や色，空間の感じを捉え，自分の思いに合わせて，工夫してつくることができるようにする。

思　材料や場所，空間の特徴から活動を思い付くことができるようにする。

学　材料や場所と関わりながら，友達と話し合ってつくったり，でき上がった作品のよさを感じ取ったりする。

●主な材料・用具

ポリエチレンひも，布粘着テープ，ビニルシート，プラスチック段ボール，フラフープ，コーン，はさみ，脚立など

●授業の流れ

1　空間に張られたひもから，場所を意識する。
▼

2　材料や場所，友達と関わりながら，思い付いたことを表す。
▼

3　作品を見合ったり，他学年に向けて発表したりして，活動を振り返る。
▼

4　触り心地を味わいながら鑑賞する。片付け。

●題材の内容と指導のポイント

　違う材料でも同じ色合いの物を組み合わせると，基の形が違って見えてくる。そのような造形的な見方や感じ方を広げながら，場を変化させることを楽しむ活動である。

　まず，体育館やホールのような広い空間にひもを張り，材料と場所の関係を意識させる。これまでの経験を生かしながら，布粘着テープで材料をつないだり，空間に材料を設置したり，材料と場所，友達と関わりながら工夫してつくっていく。場所を意識し，材料を組み合わせながら，形や色，空間の感じなどを捉え，自分のイメージをもつのである。

　高い箇所への設置や大きな材料の接合などには，安全面の配慮を徹底し，活動がダイナミックに展開するように支援する。

主体的・対話的で深い学びのために

　体全体の感覚を使い，これまでの経験を生かして主体的に取り組めるようにする。視点や形のバランスなど，材料と場所の関係をよく考え，友達と対話をしながら，活動を見合って，よさを共有することが重要である。

　また，校内展などを活用し，作品を発表できるようにすると，他学年の児童が鑑賞したり，中に入って体感したりして，高学年の発想の豊かさと技に驚き，学び合いが深まる。

●子どもの活動と教師の支援・留意事項

導入 体育館やホールなど，広い空間にひもを張っておき，材料との関係を意識させ，この場所を変化させることを促す。

💡 材料と関わりながら，できることを考える。バレーボールの支柱などを活用し，更にひもを結び付けたり，空間にフラフープやネットなどを設置したりして場所を変化させていく。

安 高いところへの設置には，友達と協力したり，教師の支援などを受けたりすることを徹底し，安全に配慮する。

💗 フラフープの周囲にネットを取り付け，友達と高さを話し合いながらつくっている。

📐 筒状のビニルの両端を持つと形ができることに気付き，友達と協力してつくっている。

📐 左右のバランスを考えながら，材料を組み合わせて，支柱に取り付けている。

💗 作品を中から見たり，遠くから見たりして，よさや美しさなどを感じ取る。

他 他学年に向けて発表し，感想を聞いたり，話し合ったりする。

片 材料ごとに分類し，残ったシートやプラスチック段ボールなどは，他の工作の材料に使用する。

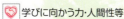

学習の展開・凡例 学習の展開のマークは，以下の観点で解説していることを示しています。

📐知識及び技能　💡思考力,判断力,表現力等　💗学びに向かう力・人間性等

安安全指導　**共**〔共通事項〕の指導　**片**片付け　**他**他教科や他校種等との関連

99

A表現(1)イ・(2)イ　B鑑賞(1)

墨から生まれる世界

高学年　絵　3時間

育てたい資質・能力

知　墨でかくことから生まれる形や濃淡などの特徴を理解し，様々な方法を試しながら，工夫して表すことができるようにする。

思　墨でかきながらイメージを広げ，どのような画面を表していくか考えることができるようにする。

学　墨でかくことの心地よさを味わい，心を開いて楽しく活動する。

●主な材料・用具

墨，和紙，筆，はけ，割り箸，段ボール片，ブラシ，ストローなど

●授業の流れ
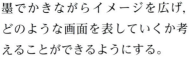

① 学習のめあてをつかみ，用具や方法など工夫する視点を話し合う。

▼

② 様々な方法を工夫しながら思いのままに白黒の世界を表していく。

▼

③ 自分の気に入ったところを好きな大きさに切り取り，題名をつける。

▼

④ 互いの活動や作品のよさに気付き，認め合う。

●題材の内容と指導のポイント

　本題材では，身の回りにある様々なものを用具として用い，墨の濃淡や明暗，描線のスピード，強さなどを変えて，工夫しながら思いのままに白黒の世界を表していく。

　墨は，絵の具と違って粒子が水中でばらばらになっている状態のため，筆の運びに従って特有のにじみや立体感が出る。思いのままにかく行為から生まれる画面は，白と黒だけのシンプルな色であるが，児童に豊かなイメージを抱かせるだろう。

　指導に当たっては，児童が墨のもつ魅力を存分に味わい，様々な発見ができるようにしていく。汚すことを気にせずに取り組める環境を整え，何度も方法を試すことができるように，紙は大きなものを複数枚用意するようにする。また，初めから作品化をねらうのではなく，様々に墨の濃淡などを試すことでできる画面から，イメージを広げられるようにしていきたい。

●児童の活動と教師の支援・留意事項

💗 参考作品を鑑賞し，感じたことを話し合い，墨で表していくことに関心をもつ。

「吸い込まれそうな感じがする画面だな」

「色が付いてないよ。黒だけで表している」

「何を使ってかいたのかな」

📘 どんな工夫ができそうか視点を話し合う。

「いろいろな用具を使ったら面白そう」

「濃さを変えていったらどうかな」

📘 墨の濃さを水で変えたり，様々な用具を使ったりして表していく。

「割り箸を使ってみよう。大きく腕を動かすと，スーッとした線がかけるよ」

📘 墨を使ってかくことを通して，形や濃淡の特徴に着目する。

「はけを使うと太い線になるな」

「勢いを付けたら，線がかすれて面白いよ」

㊒ 児童が見付けた表し方の工夫を認め，墨でかくことによって表れる形や濃淡などの違いに着目できるようにする。

💡 様々な方法を試してできた画面からイメージをもつ。

「丸いブラシでポンポンと押していったら，どうなるかな」

「楽しい感じになるね」

「雪が踊っているみたいだ」

㊒ 児童がもっているイメージを大切に共感的に関わる。

学習の展開・凡例　学習の展開のマークは，以下の観点で解説していることを示しています。

📘 知識及び技能　💡 思考力,判断力,表現力等　💗 学びに向かう力・人間性等

㊒ 〔共通事項〕の指導

💡 表しながらイメージを広げていく。

「ブラシを振ったら，しぶきみたいになったよ」

「勢いがある感じになるね」

　ア 児童の思いや考えを聞き取りながら，表現
　　　の工夫を見取って励ましていく。

「いろいろな方法を見つけているね。これから
どんなふうになっていくのかな？」

🖼 イメージをもちながら表し方を新たに考えていく。

「墨の濃さを変えていくと面白い感じになるよ」

「重ねてみたらどうなるだろう」

「墨の濃さによっても，にじみ方が変わるね」

💗 友達の表現のよさを見つけながら互いに認め合い，さらに表していく。

「これは墨をたらした跡を，流れるような感じにしたんだよ」

「すごい！　広がっていくような感じもする。黒だけなのに面白い画面になるね」

「いいね！　ぼくもこの表し方に挑戦しよう」

💡 表した画面から気に入ったところを切り取り，もったイメージを大切にして題名をつける。

「どんなふうに画面をつくってみようかな」

「ぼくはここの白と黒のバランスが気に入っているから，生かしてみよう」

🖼 互いの表現を見合い，よさや面白さを感じ取る。

❤ 友達の工夫や表現のよさを認め，伝え合う。

ア 主題や方法，形や濃淡など見る視点を伝え，交流を促す。

「切り取った画面を組み合わせて嵐の中を昇っていく龍をイメージしたよ」

「迫力がある画面になったね。筆の跡に勢いがあるところがいいね」

主体的・対話的で深い学びのために

　本実践では，児童が墨や用具の特性を味わい，表し方を見付けながら，心を開いて主体的に表現する姿を目指して授業デザインの工夫を行っている。

　導入では，「様々な用具を試しながら好きな感じを見付けて表そう」と，学習のねらいを明確に示した。墨という材料を基に，どんなことを表していくか（主題），どのように表していくか（方法）を児童に委ね，主体的，かつ探求的に活動できるようにしたのである。

　その上で，どんな工夫が考えられるかという視点を，話し合いを通して共有した。こうすることで，児童が活動のイメージをわかせながら，造形的な視点をもって，やってみたいことを自ら見付けることができるだろうと考えた。

　また，児童が主体的に表現していくためには，「やってみたい」という思いをもつと同時に，自ら方法を選び取っていくことのできる自由な活動設定と，それを支える環境が必要だといえる。そこで，濃い墨と水の入った容器，濃度を調節するための皿を一人一人に用意したり，用具を自由に選び取れるようにしたりするなどの準備をしている。更に汚れを気にせず，のびのびと活動できるような服装を準備させるとともに，ビニルシートを張って飛び散ることを気にせず，試せるようなコーナーを設けた。

　児童は，自由な雰囲気の中で互いの表現の工夫を交流し合い，様々な方法を試していた。交流を促す手立てとして，できた画面を展示しながら乾燥させるようにした。こうして互いの表現のよさを感じ取り，それを伝え合うことで，表現を高め合う姿が見られた。

　できた画面から気に入った場所を切り取って，画面を再構成する活動では，新たな見方を楽しみながら，イメージを交流する姿も見られた。

　このように，墨という材料を様々な見方で楽しむことができるよう，授業づくりをしていくことが重要だと考える。

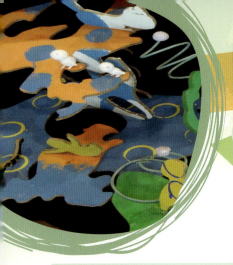

色いろカーブが集まって

高学年　**立体**　**6**時間

育てたい資質・能力

知　用具の扱いに慣れながら，これまでの経験を生かして，工夫して表すことができるようにする。

思　板材を曲線切りした形の組合せから，自分らしい発想を広げることができるようにする。

学　自分や友達の作品の工夫やよさに関心をもって見ることを楽しむ。

●主な材料・用具

板材（シナベニヤまたは杉材），電動糸のこぎり，紙やすり，アクリル絵の具または水彩絵の具，接着剤

●授業の流れ

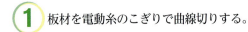

1 板材を電動糸のこぎりで曲線切りする。

▼

2 切った板の組合せを試し，イメージをもつ。

▼

3 イメージを基に工夫してつくる。

▼

4 友達と作品を見合う。

●題材の内容と指導のポイント

　電動糸のこぎりで様々な曲線に切ることを十分に楽しむことから始まる題材である。

　思いのままに曲線切りを楽しむうちに，偶然できた形から思いもよらなかった発想が引き出されたり，思いが広がったりする。初めから板に下書きをしてしまうと，それをなぞって切るだけで精一杯になってしまい，切る楽しさを十分に味わうことができなくなってしまう。

　活動に当たっては，互いのイメージや，作品の特徴やよさについて話し合う場面を設定することで，互いのよさについて認め合ったり，自分らしさに気付いたりすることができる。

主体的・対話的で深い学びのために

　できた板材の組合せから思い付いたことやイメージしたことについて話し合うことで，様々な見方や考え方があることに気付かせたい。

　また，話し合うことによって関心を高めることで，積極的に試行錯誤したり，自分なりに表現を追求したりする態度を引き出したい。

　偶然できた形から思いもよらなかった思いや発想が生まれることで，造形的なものの見方や考え方が深まることも考えられる。

●子どもの活動と教師の支援・留意事項

導入 様々な曲線に切る快さや楽しさを味わいながら，いろいろな曲線切りを試すように促す。

安 安全な電動糸のこぎりの使い方(手の置く位置，姿勢，刃の向きなど)や安全に配慮した活動環境(電動糸のこぎりの配置や児童の活動動線など)を確認する。

🔷 曲線のよさを味わいながら，電動糸のこぎりを用いて板材を曲線で切り分ける。切った板材はやすりがけし，個別の袋に保管する。

💡 切った板材を組み合わせながら釘や接着剤でつなぎ，自分がイメージしたものをつくる。

共 切った板材をつなげたり組み合わせたりすることから、動きや奥行き、バランスなどの感じを捉え、自分なりのイメージをもつ。

ア ある程度，全体の活動を進んだところで，互いに作品を見合う時間を設定し，友達と自分のもっているイメージや作品の特徴について共有し，イメージを膨らませる。

🔷 イメージに合わせて，これまでに経験した用具を使い，工夫してつなげたり着色したりする。

💗 友達と互いの作品の特徴について話し合い，互いのよさを認め合うことで，これまでに培ってきた自分らしさを基に，思いやイメージを広げてつくることの楽しさを味わう。

共 板材の組合せから形や動き，奥行き，バランスなどの特徴を基に思い付いたことやイメージしたことについて話し合う。また，話し合いや共有する活動を通して，自分のイメージを明確にしたり，更に展開したりする。

学習の展開・凡例　学習の展開のマークは，以下の観点で解説していることを示しています。

知識及び技能　思考力,判断力,表現力等　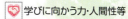学びに向かう力・人間性等

安全指導　〔共通事項〕の指導　ア 主体的・対話的で深い学び

A表現（1）イ・（2）イ
夢の文房具

高学年　**工作**　**6時間**

育てたい資質・能力

知 自分の考えや思いに合わせて材料や用具を使い，表し方を工夫して表すことができるようにする。

思 想像したことや自分の願いから，表したいものを思い付くことができるようにする。

学 自分や友達の発想のよさや面白さを伝え合いながら，豊かな生活を創造しようとする。

●主な材料・用具

厚紙，色画用紙，箱，モールやカプセルなどの身辺材料，接着剤，はさみ，カッターナイフ

●授業の流れ

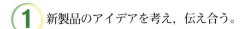

1 新製品のアイデアを考え，伝え合う。
▼
2 材料を選び，表し方を工夫しながら自分の考えた形をつくる。
▼
3 自分の表したいものに合わせて，形や色の組合せなどを工夫して表す。
▼
4 自他の作品を鑑賞する。

●題材の内容と指導のポイント

こんなものがあったらいいなと思う新しい文房具を考える。そんなワクワク感を大切にしながら，材料の組合せ方や表し方を工夫して，唯一無二の新しい「夢の文房具」を考えてつくる題材である。

感性や想像力を働かせて新しいものを発想・構想し，造形的な見方・考え方を深めながら，自分にとっての意味や価値をつくりだす活動としたい。

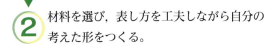

主体的・対話的で深い学びのために

本題材は，新しいものを考え，材料の組合せ方や表し方を試行錯誤しながら創造的につくる題材である。材料と豊かに関わり，造形的な特徴を捉えて活動できるように，試行錯誤できる授業設定がポイントである。

また，自分のイメージを広げ，友達と関わりながら，更に考えを深めるためには，相互鑑賞の場面を適時設定することが欠かせない。

コンセプトマップをつくる際などに，身の回りの文具や商品を改めて造形的な視点で見直すことにつながっていく。一人一人の児童が物質的な豊かさだけではなく，充実感を得たり，社会生活へと広がりを実感したりする活動としたい。

●子どもの活動と教師の支援・留意事項

導入 新製品に対する思いや考えを自由に発想できるように，興味・関心を高めて活動のイメージを広げながら児童の発言を板書に整理する。実態に応じて，身近な商品について例示したり，SFの世界などの話をしてもよい。

💗 互いのアイデアのよさから感じ取ったことなどを自分の作品に生かす。

　安 カッターナイフで切り込みを入れるときや立体物を切り取るときなど，刃物の安全な使い方を確認する。

💡 コンセプトマップをつくる。自分の思いや考えを基に，伝え方や「誰が？」「いつ？」「どのように？」使うのか，また材料の種類，大きさ，形，色などを決める。

　共 考えた製品のバランスや配色を考え，表し方を工夫して形や色の感じを捉え，自分なりのイメージをもつ。

📘 身辺材料の組合せを試行錯誤したり，文房具の入れ物（箱など）を考えたりしながらつくる。

📘 材料や方法に積極的に働きかけながらつくり，つくりかえ，つくる活動から造形的な見方・考え方を深める。

💗 製作途中ではアイデアを交流させたり，終盤では作品の工夫したところを紹介し合ったりするなど，相互に鑑賞し合う場面を適時設定する。

　共 互いの作品の形のバランスや色の鮮やかさ等の工夫を感じ取るとともに，伝え合う活動を通して，新しい自分の価値やイメージをもつ。

　道 アイデアやそのよさなどを交流することで，個性を認め，尊重し合うことにつながっていく。

学習の展開・凡例 学習の展開のマークは，以下の観点で解説していることを示しています。

 知識及び技能　　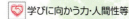 思考力，判断力，表現力等　　💗 学びに向かう力・人間性等

 安全指導　　 〔共通事項〕の指導　　 道徳科などとの関連

アートカードで マイストーリー

高学年　**鑑賞**　**2**時間

育てたい資質・能力

知　アートカードを鑑賞する活動を通して，形や色などの造形的な特徴を理解することができるようにする。

思　アートカードを基に，自分なりのストーリーを考え，自分なりの見方や感じ方を深めることができるようにする。

学　自分や友達の表現の意図や特徴を感じ取ったり考えたりすることを楽しむ。

●主な材料・用具

アートカード，画用紙，描画材料（色鉛筆やカラーペンなど）

●授業の流れ

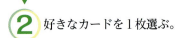

① アートカードをきっかけに想像した世界を物語化して表現することを伝える。

▼

② 好きなカードを1枚選ぶ。

▼

③ 自分なりに想像した世界を絵にしたり，言葉で書いたりして表す。

▼

④ 物語を紹介し合う。

●題材の内容と指導のポイント

　アートカードの様々な作品に触れ，そのよさや面白さを感じ取り，自分が感じたことや友達の意見を互いに伝え合い，楽しく鑑賞する題材である。

　アートカードを鑑賞して物語をつくる活動は，造形的なよさや美しさ，表したいこと，表し方などについて考え，創造的に発想や構想をしたり，親しみのある作品などから自分の見方や感じ方を深めたりすることができる。

　特に，導入時の様々なアートカードを見る場面では，気になる作品について，友達同士で意見を交わし，楽しく鑑賞しながら自分の感覚や行為を通して，自分なりの見方・考え方をもつことを大事にさせたい。

主体的・対話的で深い学びのために

　同じアートカード作品を鑑賞しても，自分とは異なる見方や考え方があることを知り，アートカードをきっかけとした友達との意見交換を通じて，主体的に表現したり鑑賞したりする態度を養う。また，物語をつくる活動から，自分なりに表したいことを見付けることや，どのように主題を表すかについて考える経験を大事にさせたい。

　アートカードを基に物語をつくることは，自分らしい見方や感じ方に気付き，更に自分なりのイメージをもって意味や価値をつくりだすことである。見る活動とつくる活動を往還することで学びが深まっていく。

●子どもの活動と教師の支援・留意事項

導入 様々なアートカードに触れ，それぞれの作品の
よさや面白さを感じ取り，自分が感じたことや
友達の意見を互いに話し合い，楽しく鑑賞す
る。その後，気に入ったアートカードを使い，
自分なりの「マイストーリー」を表現する活動
へと展開することを伝える。

（知）アートカードを鑑賞して友達同士で意見を交わ
し，自分なりの見方や感じ方を深める。

（思）アートカードを基に，自分なりのストーリーを
考え，表し方などを工夫して，創造的につくっ
たり表したりする（カードを使って「クイズづ
くり・仲間分け集め」などのゲームを取り入れ
てもよい）。

（共）アートカードの形や色などの造形的な特徴
を基に，自分なりのストーリーを創造し，
自分のイメージをもつことを押さえて指
導に当たる。

（ア）表現の意図や特徴，表し方の変化などにつ
いて考えさせるため，友達同士で自由に見
合う時間を保障し，自分の見方や感じ方を
深める時間を大事にさせたい。

（態）完成した作品から，見やすい場所に並べるなど
して鑑賞する場を工夫する。

（態）完成したマイストーリーをじっくり鑑賞させた
い。また，個々の作品に対する造形的なよさや
美しさ，表現の意図や特徴，表し方の変化など
について，感じ取ったり考えたりし，自分の見
方や感じ方を深めさせたい。

学習の展開・凡例 学習の展開のマークは，以下の観点で解説していることを示しています。

 知識及び技能　　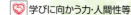 思考力,判断力,表現力等　　 学びに向かう力・人間性等

（共）〔共通事項〕の指導　　（ア）主体的・対話的で深い学び

第4章
資料編

【資料1】図画工作科学習指導要領新旧対照表
　　　　（ワンポイント解説付き）

【資料2】中学校美術科学習指導要領（抜粋）

【資料3】小学校生活科学習指導要領

【資料4】特別の教科　道徳　学習指導要領（抜粋）

　本章では，図画工作科と関係の深い他教科の学習指導要領を資料として収録しています。
　また，表紙カバーの裏面は，本書を読み進める際に併せてご覧いただくことで，学習指導要領の構造を理解する一助となるよう，カラー刷りで見やすい図画工作科学習指導要領の一覧表になっています。
　なお，資料の収録に当たっては，理解しやすくするために一部を表組にするなどの処理をしています。

図画工作科学習指導要領新旧対照表 （ワンポイント解説付き）

新学習指導要領（平成29年3月31日告示）

第7節　図画工作

第1　目　標

　表現及び鑑賞の活動を通して，造形的な見方・考え方を働かせ，生活や社会の中の形や色などと豊かに関わる資質・能力を次のとおり育成することを目指す。

(1) 対象や事象を捉える造形的な視点について自分の感覚や行為を通して理解するとともに，材料や用具を使い，表し方などを工夫して，創造的につくったり表したりすることができるようにする。

(2) 造形的なよさや美しさ，表したいこと，表し方などについて考え，創造的に発想や構想をしたり，作品などに対する自分の見方や感じ方を深めたりすることができるようにする。

(3) つくりだす喜びを味わうとともに，感性を育み，楽しく豊かな生活を創造しようとする態度を養い，豊かな情操を培う。

第2　各学年の目標及び内容

〔第1学年及び第2学年〕

1 目　標

(1) 対象や事象を捉える造形的な視点について自分の感覚や行為を通して気付くとともに，手や体全体の感覚などを働かせ材料や用具を使い，表し方などを工夫して，創造的につくったり表したりすることができるようにする。

(2) 造形的な面白さや楽しさ，表したいこと，表し方などについて考え，楽しく発想や構想をしたり，身の回りの作品などから自分の見方や感じ方を広げたりすることができるようにする。

(3) 楽しく表現したり鑑賞したりする活動に取り組み，つくりだす喜びを味わうとともに，形や色などに関わり楽しい生活を創造しようとする態度を養う。

2 内　容

A 表　現

(1) 表現の活動を通して，発想や構想に関する次の事項を身に付けることができるよう指導する。

　ア　造形遊びをする活動を通して，身近な自然物や人工の材料の形や色などを基に造形的な活動を思い付くことや，感覚や気持ちを生かしながらどのように活動するかについて考えること。

　イ　絵や立体，工作に表す活動を通して，感じたこと，想像したことから，表したいことを見付けることや，好きな形や色を選んだり，いろいろな形や色を考えたりしながら，どのように表すかについて考えること。

(2) 表現の活動を通して，技能に関する次の事項を身に付けることができるよう指導する。

　ア　造形遊びをする活動を通して，身近で扱いやすい材料や用具に十分に慣れるとともに，並べたり，つないだり，積んだりするなど手や体全体の感覚などを働かせ，活動を工夫してつくること。

　イ　絵や立体，工作に表す活動を通して，身近で扱いやすい材料や用具に十分に慣れるとともに，手や体全体の感覚などを働かせ，表したいことを基に表し方を工夫して表すこと。

B 鑑　賞

(1) 鑑賞の活動を通して，次の事項を身に付けることができるよう指導する。

　ア　身の回りの作品などを鑑賞する活動を通して，自分たちの作品や身近な材料などの造形的な面白さや楽しさ，表したいこと，表し方などについて，感じ取ったり考えたりし，自分の見方や感じ方を広げること。

〔共通事項〕

(1) 「A表現」及び「B鑑賞」の指導を通して，次の事項を身に付けることができるよう指導する。

　ア　自分の感覚や行為を通して，形や色などに気付くこと。

　イ　形や色などを基に，自分のイメージをもつこと。

〔第3学年及び第4学年〕

1 目　標

(1) 対象や事象を捉える造形的な視点について自分の感覚や行為を通して分かるとともに，手や体全体を十分に働かせ材料や用具を使い，表し方などを工夫して，創造的につくったり表したりすることができるようにする。

(2) 造形的なよさや面白さ，表したいこと，表し方などについて考え，豊かに発想や構想をしたり，身近にある作品などから自分の見方や感じ方を広げたりすることができるようにする。

(3) 進んで表現したり鑑賞したりする活動に取り組み，つくりだす喜びを味わうとともに，形や色などに関わり楽しく豊かな生活を創造しようとする態度を養う。

平成20年3月28日告示	ワンポイント解説
第7節 図画工作 **第1 目 標** 　表現及び鑑賞の活動を通して，感性を働かせながら，つくりだす喜びを味わうようにするとともに，造形的な創造活動の基礎的な能力を培い，豊かな情操を養う。	➡教科の目標は，「資質・能力の三つの柱」で構成された。 ➡ (1) は，「知識・技能」 ➡ (2) は，「思考力・判断力・表現力等」 ➡ (3) は，「学びに向かう力・人間性等」
第2 各学年の目標及び内容 **〔第1学年及び第2学年〕** **1 目 標** (1) 進んで表したり見たりする態度を育てるとともに，つくりだす喜びを味わうようにする。 (2) 造形活動を楽しみ，豊かな発想をするなどして，体全体の感覚や技能などを働かせるようにする。 (3) 身の回りの作品などから，面白さや楽しさを感じ取るようにする。	➡学年の目標は，教科の目標の (1) ～ (3) に対応して示された。 ➡(1) は，知識及び技能に関する目標で，知識は〔共通事項〕ア，技能はA表現 (2) に対応している。 ➡(2) は，思考力・判断力・表現力等に関する目標で，A表現 (1)，B鑑賞 (1)，〔共通事項〕イに対応している。 ➡(3) は，学びに向かう力・人間性等に関する目標で，(1) と (2) の目標のそれぞれに関連している。
2 内 容 **A 表 現** (1) 材料を基に造形遊びをする活動を通して，次の事項を指導する。 　ア　身近な自然物や人工の材料の形や色などを基に思い付いてつくること。 　イ　感覚や気持ちを生かしながら楽しくつくること。 　ウ　並べたり，つないだり，積んだりするなど体全体を働かせてつくること。 (2) 感じたことや想像したことを絵や立体，工作に表す活動を通して，次の事項を指導する。 　ア　感じたことや想像したことから，表したいことを見付けて表すこと。 　イ　好きな色を選んだり，いろいろな形をつくって楽しんだりしながら表すこと。 　ウ　身近な材料や扱いやすい用具を手を働かせて使うとともに，表し方を考えて表すこと。	➡A表現の項目は，現行の 　(1) 造形遊びに関する項目 　(2) 絵や立体，工作に表す活動に関する項目から 　(1) 発想や構想に関する項目 　(2) 技能に関する項目 　となり，(1)，(2) それぞれの事項に，ア 造形遊び，イ　絵や立体，工作が位置付けられた。
B 鑑 賞 (1) 身の回りの作品などを鑑賞する活動を通して，次の事項を指導する。 　ア　自分たちの作品や身近な材料などを楽しく見ること。 　イ　感じたことを話したり，友人の話を聞いたりするなどして，形や色，表し方の面白さ，材料の感じなどに気付くこと。	➡B鑑賞の事項は，現行の (1) ア，イから (1) アに再構成され，鑑賞する活動における思考力・判断力・表現力等に関する事項を示している。
〔共通事項〕 (1) 「A表現」及び「B鑑賞」の指導を通して，次の事項を指導する。 　ア　自分の感覚や活動を通して，形や色などをとらえること。 　イ　形や色などを基に，自分のイメージをもつこと。	➡〔共通事項〕の各事項は， 　ア 形や色などに関する事項 　イ イメージに関する思考力・判断力・表現力等を示している。
〔第3学年及び第4学年〕 **1 目 標** (1) 進んで表現したり鑑賞したりする態度を育てるとともに，つくりだす喜びを味わうようにする。 (2) 材料などから豊かな発想をし，手や体全体を十分に働かせ，表し方を工夫し，造形的な能力を伸ばすようにする。 (3) 身近にある作品などから，よさや面白さを感じ取るようにする。	➡学年の目標は，教科の目標の (1) ～ (3) に対応して示された。 ➡(1) は，知識及び技能に関する目標で，知識は〔共通事項〕ア，技能はA表現 (2) に対応している。 ➡(2) は，思考力・判断力・表現力等に関する目標で，A表現 (1)，B鑑賞 (1)，〔共通事項〕イに対応している。 ➡(3) は，学びに向かう力・人間性等に関する目標で，(1) と (2) の目標のそれぞれに関連している。

2 内 容
A 表 現

(1) 表現の活動を通して，発想や構想に関する次の事項を身に付けることができるよう指導する。
　　ア　造形遊びをする活動を通して，身近な材料や場所などを基に造形的な活動を思い付くことや，新しい形や色などを思い付きながら，どのように活動するかについて考えること。
　　イ　絵や立体，工作に表す活動を通して，感じたこと，想像したこと，見たことから，表したいことを見付けることや，表したいことや用途などを考え，形や色，材料などを生かしながら，どのように表すかについて考えること。
(2) 表現の活動を通して，技能に関する次の事項を身に付けることができるよう指導する。
　　ア　造形遊びをする活動を通して，材料や用具を適切に扱うとともに，前学年までの材料や用具についての経験を生かし，組み合わせたり，切ってつないだり，形を変えたりするなどして，手や体全体を十分に働かせ，活動を工夫してつくること。
　　イ　絵や立体，工作に表す活動を通して，材料や用具を適切に扱うとともに，前学年までの材料や用具についての経験を生かし，手や体全体を十分に働かせ，表したいことに合わせて表し方を工夫して表すこと。

B 鑑 賞

(1) 鑑賞の活動を通して，次の事項を身に付けることができるよう指導する。
　　ア　身近にある作品などを鑑賞する活動を通して，自分たちの作品や身近な美術作品，製作の過程などの造形的なよさや面白さ，表したいこと，いろいろな表し方などについて，感じ取ったり考えたりし，自分の見方や感じ方を広げること。

〔共通事項〕

(1) 「A表現」及び「B鑑賞」の指導を通して，次の事項を身に付けることができるよう指導する。
　　ア　自分の感覚や行為を通して，形や色などの感じが分かること。
　　イ　形や色などの感じを基に，自分のイメージをもつこと。

〔第5学年及び第6学年〕
1 目 標

(1) 対象や事象を捉える造形的な視点について自分の感覚や行為を通して理解するとともに，材料や用具を活用し，表し方などを工夫して，創造的につくったり表したりすることができるようにする。
(2) 造形的なよさや美しさ，表したいこと，表し方などについて考え，創造的に発想や構想をしたり，親しみのある作品などから自分の見方や感じ方を深めたりすることができるようにする。
(3) 主体的に表現したり鑑賞したりする活動に取り組み，つくりだす喜びを味わうとともに，形や色などに関わり楽しく豊かな生活を創造しようとする態度を養う。

2 内 容
A 表 現

(1) 表現の活動を通して，発想や構想に関する次の事項を身に付けることができるよう指導する。
　　ア　造形遊びをする活動を通して，材料や場所，空間などの特徴を基に造形的な活動を思い付くことや，構成したり周囲の様子を考え合わせたりしながら，どのように活動するかについて考えること。
　　イ　絵や立体，工作に表す活動を通して，感じたこと，想像したこと，見たこと，伝え合いたいことから，表したいことを見付けることや，形や色，材料の特徴，構成の美しさなどの感じ，用途などを考えながら，どのように主題を表すかについて考えること。
(2) 表現の活動を通して，技能に関する次の事項を身に付けることができるよう指導する。
　　ア　造形遊びをする活動を通して，活動に応じて材料や用具を活用するとともに，前学年までの材料や用具についての経験や技能を総合的に生かしたり，方法などを組み合わせたりするなどして，活動を工夫してつくること。
　　イ　絵や立体，工作に表す活動を通して，表現方法に応じて材料や用具を活用するとともに，前学年までの材料や用具などについての経験や技能を総合的に生かしたり，表現に適した方法などを組み合わせたりするなどして，表したいことに合わせて表し方を工夫して表すこと。

平成20年3月28日告示	ワンポイント解説
2 内　容 **A 表　現** (1) 材料や場所などを基に造形遊びをする活動を通して，次の事項を指導する。 　ア　身近な材料や場所などを基に発想してつくること。 　イ　新しい形をつくるとともに，その形から発想したりみんなで話し合って考えたりしながらつくること。 　ウ　前学年までの材料や用具についての経験を生かし，組み合わせたり，切ってつないだり，形を変えたりするなどしてつくること。 (2) 感じたこと，想像したこと，見たことを絵や立体，工作に表す活動を通して，次の事項を指導する。 　ア　感じたこと，想像したこと，見たことから，表したいことを見付けて表すこと。 　イ　表したいことや用途などを考えながら，形や色，材料などを生かし，計画を立てるなどして表すこと。 　ウ　表したいことに合わせて，材料や用具の特徴を生かして使うとともに，表し方を考えて表すこと。	➡A表現の項目は，現行の (1) 造形遊びに関する項目 (2) 絵や立体，工作に表す活動に関する項目 から (1) 発想や構想に関する項目 (2) 技能に関する項目 となり，(1)，(2) それぞれの事項にア　造形遊び，イ　絵や立体，工作が位置付けられた。
B 鑑　賞 (1) 身近にある作品などを鑑賞する活動を通して，次の事項を指導する。 　ア　自分たちの作品や身近な美術作品や製作の過程などを鑑賞して，よさや面白さを感じ取ること。 　イ　感じたことや思ったことを話したり，友人と話し合ったりするなどして，いろいろな表し方や材料による感じの違いなどが分かること。	➡B鑑賞の事項は，現行の (1) ア，イから (1) アに再構成され，鑑賞する活動における思考力・判断力・表現力等に関する事項を示している。
〔共通事項〕 (1) 「A表現」及び「B鑑賞」の指導を通して，次の事項を指導する。 　ア　自分の感覚や活動を通して，形や色，組合せなどの感じをとらえること。 　イ　形や色などの感じを基に，自分のイメージをもつこと。	➡〔共通事項〕の各事項は， 　ア　形や色などに関する事項 　イ　イメージに関する思考力・判断力・表現力等を示している。
〔第5学年及び第6学年〕 **1 目　標** (1) 創造的に表現したり鑑賞したりする態度を育てるとともに，つくりだす喜びを味わうようにする。 (2) 材料などの特徴をとらえ，想像力を働かせて発想し，主題の表し方を構想するとともに，様々な表し方を工夫し，造形的な能力を高めるようにする。 (3) 親しみのある作品などから，よさや美しさを感じ取るとともに，それらを大切にするようにする。	➡学年の目標は，教科の目標の (1) ～ (3) に対応して示されている。 ➡(1) は，知識及び技能に関する目標で，知識は〔共通事項〕ア，技能はA表現 (2) に対応している。 ➡(2) は，思考力・判断力・表現力等に関する目標で，A表現 (1)，B鑑賞 (1)，〔共通事項〕イに対応している。 ➡(3) は，学びに向かう力・人間性等に関する目標で，(1) と (2) の目標のそれぞれに関連している。
2 内　容 **A 表　現** (1) 材料や場所などの特徴を基に造形遊びをする活動を通して，次の事項を指導する。 　ア　材料や場所などの特徴を基に発想し想像力を働かせてつくること。 　イ　材料や場所などに進んでかかわり合い，それらを基に構成したり周囲の様子を考え合わせたりしながらつくること。 　ウ　前学年までの材料や用具などについての経験や技能を総合的に生かしてつくること。 (2) 感じたこと，想像したこと，見たこと，伝え合いたいことを絵や立体，工作に表す活動を通して，次の事項を指導する。 　ア　感じたこと，想像したこと，見たこと，伝え合いたいことから，表したいことを見付けて表すこと。 　イ　形や色，材料の特徴や構成の美しさなどの感じ，用途などを考えながら，表し方を構想して表すこと。 　ウ　表したいことに合わせて，材料や用具の特徴を生かして使うとともに，表現に適した方法などを組み合わせて表すこと。	➡A表現の項目は，現行の (1) 造形遊びに関する項目 (2) 絵や立体，工作に表す活動に関する項目 から (1) 発想や構想に関する項目 (2) 技能に関する項目 となり，(1)，(2) それぞれの事項に，ア　造形遊び，イ　絵や立体，工作が位置付けられた。

新学習指導要領（平成29年3月31日告示）

B 鑑 賞

(1) 鑑賞の活動を通して，次の事項を身に付けることができるよう指導する。
 ア 親しみのある作品などを鑑賞する活動を通して，自分たちの作品，我が国や諸外国の親しみのある美術作品，生活の中の造形などの造形的なよさや美しさ，表現の意図や特徴，表し方の変化などについて，感じ取ったり考えたりし，自分の見方や感じ方を深めること。

〔共通事項〕

(1) 「A表現」及び「B鑑賞」の指導を通して，次の事項を身に付けることができるよう指導する。
 ア 自分の感覚や行為を通して，形や色などの造形的な特徴を理解すること。
 イ 形や色などの造形的な特徴を基に，自分のイメージをもつこと。

第3 指導計画の作成と内容の取扱い

1 指導計画の作成に当たっては，次の事項に配慮するものとする。

(1) 題材など内容や時間のまとまりを見通して，その中で育む資質・能力の育成に向けて，児童の主体的・対話的で深い学びの実現を図るようにすること。その際，造形的な見方・考え方を働かせ，表現及び鑑賞に関する資質・能力を相互に関連させた学習の充実を図ること。

(2) 第2の各学年の内容の「A表現」及び「B鑑賞」の指導については相互の関連を図るようにすること。ただし，「B鑑賞」の指導については，指導の効果を高めるため必要がある場合には，児童や学校の実態に応じて，独立して行うようにすること。

(3) 第2の各学年の内容の〔共通事項〕は，表現及び鑑賞の学習において共通に必要となる資質・能力であり，「A表現」及び「B鑑賞」の指導と併せて，十分な指導が行われるよう工夫すること。

(4) 第2の各学年の内容の「A表現」については，造形遊びをする活動では，(1) のア及び (2) のアを，絵や立体，工作に表す活動では，(1) のイ及び (2) のイを関連付けて指導すること。その際，(1) のイ及び (2) のイの指導に配当する授業時数については，工作に表すことの内容に配当する授業時数が，絵や立体に表すことの内容に配当する授業時数とおよそ等しくなるように計画すること。

(5) 第2の各学年の内容の「A表現」の指導については，適宜共同してつくりだす活動を取り上げるようにすること。

(6) 第2の各学年の内容の「B鑑賞」においては，自分たちの作品や美術作品などの特質を踏まえて指導すること。

(7) 低学年においては，第1章総則の第2の4の (1) を踏まえ，他教科等との関連を積極的に図り，指導の効果を高めるようにするとともに，幼稚園教育要領等に示す幼児期の終わりまでに育ってほしい姿との関連を考慮すること。特に，小学校入学当初においては，生活科を中心とした合科的・関連的な指導や，弾力的な時間割の設定を行うなどの工夫をすること。

(8) 障害のある児童などについては，学習活動を行う場合に生じる困難さに応じた指導内容や指導方法の工夫を計画的，組織的に行うこと。

(9) 第1章総則の第1の2の (2) に示す道徳教育の目標に基づき，道徳科などとの関連を考慮しながら，第3章特別の教科道徳の第2に示す内容について，図画工作科の特質に応じて適切な指導をすること。

2 第2の内容の取扱いについては，次の事項に配慮するものとする。

(1) 児童が個性を生かして活動することができるようにするため，学習活動や表現方法などに幅をもたせるようにすること。

(2) 各学年の「A表現」及び「B鑑賞」の指導を通して，児童が〔共通事項〕のアとイとの関わりに気付くようにすること。

平成20年3月28日告示	ワンポイント解説
B 鑑 賞 (1) 親しみのある作品などを鑑賞する活動を通して，次の事項を指導する。 　ア　自分たちの作品，我が国や諸外国の親しみのある美術作品，暮らしの中の作品などを鑑賞して，よさや美しさを感じ取ること。 　イ　感じたことや思ったことを話したり，友人と話し合ったりするなどして，表し方の変化，表現の意図や特徴などをとらえること。	➡B鑑賞の事項は，現行の（1）ア，イから（1）アに再構成され，鑑賞する活動における思考力・判断力・表現力等に関する事項を示している。
〔共通事項〕 (1)「A表現」及び「B鑑賞」の指導を通して，次の事項を指導する。 　ア　自分の感覚や活動を通して，形や色，動きや奥行きなどの造形的な特徴をとらえること。 　イ　形や色などの造形的な特徴を基に，自分のイメージをもつこと。	➡〔共通事項〕の各事項は， 　ア　形や色などに関する事項 　イ　イメージに関する思考力・判断力・表現力等を示している。
第3　指導計画の作成と内容の取扱い 1 指導計画の作成に当たっては，次の事項に配慮するものとする。 **（新設）**➡	➡新設の（1）では，「造形的な見方・考え方」を働かせることから「主体的・対話的で深い学び」が実現されるように，図画工作科の特質に応じた授業改善を進めることを示している。
(3) 第2の各学年の内容の「B鑑賞」の指導については，「A表現」との関連を図るようにすること。ただし，指導の効果を高めるため必要がある場合には，児童や学校の実態に応じて，独立して行うようにすること。	
(1) 第2の各学年の内容の〔共通事項〕は表現及び鑑賞に関する能力を育成する上で共通に必要となるものであり，表現及び鑑賞の各活動において十分な指導が行われるよう工夫すること。	
(2) 第2の各学年の内容の「A表現」の(2)の指導に配当する授業時数については，工作に表すことの内容に配当する授業時数が，絵や立体に表すことの内容に配当する授業時数とおよそ等しくなるように計画すること。	
(4) 第2の各学年の内容の「A表現」の指導については，適宜共同してつくりだす活動を取り上げるようにすること。	
（新設）➡	➡新設の（6）では，鑑賞の指導において，取り上げる作品の特質に応じた指導計画を作成することの必要を示している。
(5) 低学年においては，生活科などとの関連を積極的に図り，指導の効果を高めるようにすること。特に第1学年においては，幼稚園教育における表現に関する内容などとの関連を考慮すること。	➡(7) では，特に小学校入学当初における教育課程編成上の工夫について，他教科や幼稚園教育との関連を図ることに関する事項を示している。
（新設）➡	➡新設の（8）では，児童の障害の状態に応じた指導や支援を充実させていくことの必要を示している。
(6) 第1章総則の第1の2に示す道徳教育の目標に基づき，道徳科などとの関連を考慮しながら，第3章特別の教科道徳の第2に示す内容について，図画工作科の特質に応じて適切な指導をすること。	
2 第2の内容の取扱いについては，次の事項に配慮するものとする。 (1) 個々の児童が特性を生かした活動ができるようにするため，学習活動や表現方法などに幅をもたせるようにすること。	
（新設）➡	➡新設の（2）では，〔共通事項〕におけるアとイを相互に関連し合い，働くものとして捉えることを示している。

117

(3) 〔共通事項〕のアの指導に当たっては，次の事項に配慮し，必要に応じて，その後の学年で繰り返し取り上げること。
　　ア　第1学年及び第2学年においては，いろいろな形や色，触った感じなどを捉えること。
　　イ　第3学年及び第4学年においては，形の感じ，色の感じ，それらの組合せによる感じ，色の明るさなどを捉えること。
　　ウ　第5学年及び第6学年においては，動き，奥行き，バランス，色の鮮やかさなどを捉えること。

(4) 各学年の「A表現」の指導に当たっては，活動の全過程を通して児童が実現したい思いを大切にしながら活動できるようにし，自分のよさや可能性を見いだし，楽しく豊かな生活を創造しようとする態度を養うようにすること。
(5) 各活動において，互いのよさや個性などを認め尊重し合うようにすること。

(6) 材料や用具については，次のとおり取り扱うこととし，必要に応じて，当該学年より前の学年において初歩的な形で取り上げたり，その後の学年で繰り返し取り上げたりすること。
　　ア　第1学年及び第2学年においては，土，粘土，木，紙，クレヨン，パス，はさみ，のり，簡単な小刀類など身近で扱いやすいものを用いること。
　　イ　第3学年及び第4学年においては，木切れ，板材，釘，水彩絵の具，小刀，使いやすいのこぎり，金づちなどを用いること。
　　ウ　第5学年及び第6学年においては，針金，糸のこぎりなどを用いること。

(7) 各学年の「A表現」の（1）のイ及び（2）のイについては，児童や学校の実態に応じて，児童が工夫して楽しめる程度の版に表す経験や焼成する経験ができるようにすること。

(8) 各学年の「B鑑賞」の指導に当たっては，児童や学校の実態に応じて，地域の美術館などを利用したり，連携を図ったりすること。

(9) 各学年の「A表現」及び「B鑑賞」の指導に当たっては，思考力，判断力，表現力等を育成する観点から，〔共通事項〕に示す事項を視点として，感じたことや思ったこと，考えたことなどを，話したり聞いたり話し合ったりする，言葉で整理するなどの言語活動を充実すること。

(10) コンピュータ，カメラなどの情報機器を利用することについては，表現や鑑賞の活動で使う用具の一つとして扱うとともに，必要性を十分に検討して利用すること。

(11) 創造することの価値に気付き，自分たちの作品や美術作品などに表れている創造性を大切にする態度を養うようにすること。また，こうした態度を養うことが，美術文化の継承，発展，創造を支えていることについて理解する素地となるよう配慮すること。

3　造形活動で使用する材料や用具，活動場所については，安全な扱い方について指導する，事前に点検するなどして，事故防止に留意するものとする。

4　校内の適切な場所に作品を展示するなどし，平素の学校生活においてそれを鑑賞できるよう配慮するものとする。また，学校や地域の実態に応じて，校外に児童の作品を展示する機会を設けるなどするものとする。

平成20年3月28日告示	ワンポイント解説
(新設) ➡	➡新設の (3) では，〔共通事項〕のアの指導において，繰り返し取り上げることも含めた配慮事項を示している。
(新設) ➡ (新設) ➡	➡新設の (4) と (5) では，児童一人一人のよさや可能性が見いだされ，互いのよさや個性などを認め尊重し合うようにする指導上の配慮事項を示している。
(3) 材料や用具については，次のとおり取り扱うこととし，必要に応じて，当該学年より前の学年において初歩的な形で取り上げたり，その後の学年で繰り返し取り上げたりすること。 　ア　第1学年及び第2学年においては，土，粘土，木，紙，クレヨン，パス，はさみ，のり，簡単な小刀類など身近で扱いやすいものを用いることとし，児童がこれらに十分に慣れることができるようにすること。 　イ　第3学年及び第4学年においては，木切れ，板材，釘（くぎ），水彩絵の具，小刀，使いやすいのこぎり，金づちなどを用いることとし，児童がこれらを適切に扱うことができるようにすること。 　ウ　第5学年及び第6学年においては，針金，糸のこぎりなどを用いることとし，児童が表現方法に応じてこれらを活用できるようにすること。	➡(3) アでは，「児童がこれらに十分に慣れることができるようにする」を削除されている。 ➡(3) イでは，「児童がこれらを適切に扱うことができるようにする」を削除されている。 ➡(3) ウでは，「児童が表現方法に応じてこれらを活用できるようにする」を削除されている。
(2) 各学年の「A表現」の (2) については，児童や学校の実態に応じて，児童が工夫して楽しめる程度の版に表す経験や焼成する経験ができるようにすること。	
(5) 各学年の「B鑑賞」の指導に当たっては，児童や学校の実態に応じて，地域の美術館などを利用したり，連携を図ったりすること。	
【第1学年及び第2学年「B鑑賞」(1) より移行】 　イ　感じたことを話したり，友人の話を聞いたりするなどして，形や色，表し方の面白さ，材料の感じなどに気付くこと。 【第3学年及び第4学年「B鑑賞」(1) より移行】 　イ　感じたことや思ったことを話したり，友人と話し合ったりするなどして，いろいろな表し方や材料による感じの違いなどが分かること。 【第5学年及び第6学年「B鑑賞」(1) より移行】 　イ　感じたことや思ったことを話したり，友人と話し合ったりするなどして，表し方の変化，表現の意図や特徴などをとらえること。	➡(9) では，〔共通事項〕を視点に言語活動の充実を図ることの重要性を示している。
(新設) ➡	➡新設の (10) では，コンピュータ，カメラなどの情報機器について，必要性を十分に検討して利用することを示している。
(新設) ➡	➡新設の (11) では，創造性を大切にする態度を養うことや，それが美術文化の継承，発展，創造を支えていることについて理解する素地となることを示している。
【第3の2より移行】 (4) 事故防止に留意すること。	➡3では，「活動で使用する材料や用具，活動場所については，安全な扱い方について指導する，事前に点検するなどして」が加えられ，事故防止に留意する必要を具体的に示している。
3 校内の適切な場所に作品を展示するなどし，平素の学校生活においてそれを鑑賞できるよう配慮するものとする。	4では，「また，学校や地域の実態に応じて，校外に児童の作品を展示する機会を設けるなどするものとする」が加えられた。

中学校美術科学習指導要領 （抜粋）

第1目標				表現及び鑑賞の幅広い活動を通して，造形的な見方・考え方を働かせ，生活や社会の中の美術	
		「知識及び技能」		(1) 対象や事象を捉える造形的な視点について理解するとともに，表現方法を創意工夫し，創	
		「思考力，表現力，判断力等」		(2) 造形的なよさや美しさ，表現の意図と工夫，美術の働きなどについて考え，主題を生み出	
		「学びに向かう力，人間性等」		(3) 美術の創造活動の喜びを味わい，美術を愛好する心情を育み，感性を豊かにし，心豊かな	

第2 各学年の目標及び内容

1 目標

〔第1学年〕

「知識及び技能」	(1) 対象や事象を捉える造形的な視点について理解するとともに，意図に応じて表現方法を工夫して表すことができるようにする。
「思考力，表現力，判断力等」	(2) 自然の造形や美術作品などの造形的なよさや美しさ，表現の意図と工夫，機能性と美しさとの調和，美術の働きなどについて考え，主題を生み出し豊かに発想し構想を練ったり，美術や美術文化に対する見方や感じ方を広げたりすることができるようにする。
「学びに向かう力，人間性等」	(3) 楽しく美術の活動に取り組み創造活動の喜びを味わい，美術を愛好する心情を培い，心豊かな生活を創造していく態度を養う。

2 内容

A 表現

「思考力，表現力，判断力等」

項目	(1) 表現の活動を通して，次のとおり発想や構想に関する資質・能力を育成する。
指導内容 ア	感じ取ったことや考えたことなどを基に，絵や彫刻などに表現する活動を通して，発想
指導事項 (ア)	対象や事象を見つめ感じ取った形や色彩の特徴や美しさ，想像したことなどを基に主題を生み出し，全体と部分との関係などを考え，創造的な構成を工夫し，心豊かに表現する構想を練ること。
指導内容 イ	伝える，使うなどの目的や機能を考え，デザインや工芸などに表現する活動を通して，
指導事項 (ア)	構成や装飾の目的や条件などを基に，対象の特徴や用いる場面などから主題を生み出し，美的感覚を働かせて調和のとれた美しさなどを考え，表現の構想を練ること。
指導事項 (イ)	伝える目的や条件などを基に，伝える相手や内容などから主題を生み出し，分かりやすさと美しさなどとの調和を考え，表現の構想を練ること。
指導事項 (ウ)	使う目的や条件などを基に，使用する者の気持ち，材料などから主題を生み出し，使いやすさや機能と美しさなどとの調和を考え，表現の構想を練ること。

「技能」

項目	(2) 表現の活動を通して，次のとおり技能に関する資質・能力を育成する。
指導内容 ア	発想や構想をしたことなどを基に，表現する活動を通して，技能に関する次の事項を身
指導事項 (ア)	材料や用具の生かし方などを身に付け，意図に応じて工夫して表すこと。
指導事項 (イ)	材料や用具の特性などから制作の順序などを考えながら，見通しをもって表すこと。

B 鑑賞

「思考力，表現力，判断力等」

項目	(1) 鑑賞の活動を通して，次のとおり鑑賞に関する資質・能力を育成する。
指導内容 ア	美術作品などの見方や感じ方を広げる活動を通して，鑑賞に関する次の事項を身に付ける
指導事項 (ア)	造形的なよさや美しさを感じ取り，作者の心情や表現の意図と工夫などについて考えるなどして，見方や感じ方を広げること。
指導事項 (イ)	目的や機能との調和のとれた美しさなどを感じ取り，作者の心情や表現の意図と工夫などについて考えるなどして，見方や感じ方を広げること。
指導内容 イ	生活の中の美術の働きや美術文化についての見方や感じ方を広げる活動を通して，鑑賞に関する次の事項を身に付けることができるよう指導する。
指導事項 (ア)	身の回りにある自然物や人工物の形や色彩，材料などの造形的な美しさなどを感じ取り，生活を美しく豊かにする美術の働きについて考えるなどして，見方や感じ方を広げること。
指導事項 (イ)	身近な地域や日本及び諸外国の文化遺産などのよさや美しさなどを感じ取り，美術文化について考えるなどして，見方や感じ方を広げること。

〔共通事項〕 「知識」

項目	(1) 「A表現」及び「B鑑賞」の指導を通して，次の事項を身に付けることができるよう指導する。
事項	ア 形や色彩，材料，光などの性質や，それらが感情にもたらす効果などを理解すること。 イ 造形的な特徴などを基に，全体のイメージや作風などで捉えることを理解すること。

3 内容の取扱い

(1) 第1学年では，内容に示す各事項の定着を図ることを基本とし，一年間で全ての内容が学習できるように一題材に充てる時間数などについて十分検討すること。

(2) 「A表現」及び「B鑑賞」の指導に当たっては，発想や構想に関する資質・能力や鑑賞に関する資質・能力を育成する観点から，〔共通事項〕に示す事項を視点に，アイデアスケッチで構想を練ったり，言葉で考えを整理したりすることや，作品などについて説明し合うなどして対象の見方や感じ方を広げるなどの言語活動の充実を図ること。

第3 指導計画の作成と内容の取扱い　（略）

や美術文化と豊かに関わる資質・能力を次のとおり育成することを目指す。

造的に表すことができるようにする。

し豊かに発想し構想を練ったり，美術や美術文化に対する見方や感じ方を深めたりすることができるようにする。

生活を創造していく態度を養い，豊かな情操を培う。

(1) 対象や事象を捉える造形的な視点について理解するとともに，意図に応じて自分の表現方法を追求し，創造的に表すことができるようにする。

(2) 自然の造形や美術作品などの造形的なよさや美しさ，表現の意図と創造的な工夫，機能性と洗練された美しさとの調和，美術の働きなどについて独創的・総合的に考え，主題を生み出し豊かに発想し構想を練ったり，美術や美術文化に対する見方や感じ方を深めたりすることができるようにする。

(3) 主体的に美術の活動に取り組み創造活動の喜びを味わい，美術を愛好する心情を深め，心豊かな生活を創造していく態度を養う。

や構想に関する次の事項を身に付けることができるよう指導する。

(ア) 対象や事象を深く見つめ感じ取ったことや考えたこと，夢，想像や感情などの心の世界などを基に主題を生み出し，単純化や省略，強調，材料の組合せなどを考え，創造的な構成を工夫し，心豊かに表現する構想を練ること。

発想や構想に関する次の事項を身に付けることができるよう指導する。

(ア) 構成や装飾の目的や条件などを基に，用いる場面や環境，社会との関わりなどから主題を生み出し，美的感覚を働かせて調和のとれた洗練された美しさなどを総合的に考え，表現の構想を練ること。

(イ) 伝える目的や条件などを基に，伝える相手や内容，社会との関わりなどから主題を生み出し，伝達の効果と美しさなどとの調和を総合的に考え，表現の構想を練ること。

(ウ) 使う目的や条件などを基に，使用する者の立場，社会との関わり，機知やユーモアなどから主題を生み出し，使いやすさや機能と美しさなどとの調和を総合的に考え，表現の構想を練ること。

に付けることができるよう指導する。

(ア) 材料や用具の特性を生かし，意図に応じて自分の表現方法を追求して創造的に表すこと。

(イ) 材料や用具，表現方法の特性などから制作の順序などを総合的に考えながら，見通しをもって表すこと。

ことができるよう指導する。

(ア) 造形的なよさや美しさを感じ取り，作者の心情や表現の意図と創造的な工夫などについて考えるなどして，美意識を高め，見方や感じ方を深めること。

(イ) 目的や機能との調和のとれた洗練された美しさなどを感じ取り，作者の心情や表現の意図と創造的な工夫などについて考えるなどして，美意識を高め，見方や感じ方を深めること。

イ 生活や社会の中の美術の働きや美術文化についての見方や感じ方を深める活動を通して，鑑賞に関する次の事項を身に付けることができるよう指導する。

(ア) 身近な環境の中に見られる造形的な美しさなどを感じ取り，安らぎや自然との共生などの視点から生活や社会を美しく豊かにする美術の働きについて考えるなどして，見方や感じ方を深めること。

(イ) 日本の美術作品や受け継がれてきた表現の特質などから，伝統や文化のよさや美しさを感じ取り愛情を深めるとともに，諸外国の美術や文化との相違点や共通点に気付き，美術を通した国際理解や美術文化の継承と創造について考えるなどして，見方や感じ方を深めること。

(1) 第 2 学年及び第 3 学年では，第 1 学年において身に付けた資質・能力を柔軟に活用して，表現及び鑑賞に関する資質・能力をより豊かに高めることを基本とし，第 2 学年と第 3 学年の発達の特性を考慮して内容の選択や一題材に充てる時間数などについて十分検討すること。

(2) 「A表現」及び「B鑑賞」の指導に当たっては，発想や構想に関する資質・能力や鑑賞に関する資質・能力を育成する観点から，〔共通事項〕に示す事項を視点に，アイデアスケッチで構想を練ったり，言葉で考えを整理したりすることや，作品などに対する自分の価値意識をもって批評し合うなどして対象の見方や感じ方を深めるなどの言語活動の充実を図ること。

(3) 「B鑑賞」のイの(イ)の指導に当たっては，日本の美術の概括的な変遷などを捉えることを通して，各時代における作品の特質，人々の感じ方や考え方，願いなどを感じ取ることができるよう配慮すること。

第5節　生活

第1　目標

　具体的な活動や体験を通して，身近な生活に関わる見方・考え方を生かし，自立し生活を豊かにしていくための資質・能力を次のとおり育成することを目指す。

(1) 活動や体験の過程において，自分自身，身近な人々，社会及び自然の特徴やよさ，それらの関わり等に気付くとともに，生活上必要な習慣や技能を身に付けるようにする。

(2) 身近な人々，社会及び自然を自分との関わりで捉え，自分自身や自分の生活について考え，表現することができるようにする。

(3) 身近な人々，社会及び自然に自ら働きかけ，意欲や自信をもって学んだり生活を豊かにしたりしようとする態度を養う。

第2　各学年の目標及び内容

〔第1学年及び第2学年〕

1　目標

(1) 学校，家庭及び地域の生活に関わることを通して，自分と身近な人々，社会及び自然との関わりについて考えることができ，それらのよさやすばらしさ，自分との関わりに気付き，地域に愛着をもち自然を大切にしたり，集団や社会の一員として安全で適切な行動をしたりするようにする。

(2) 身近な人々，社会及び自然と触れ合ったり関わったりすることを通して，それらを工夫したり楽しんだりすることができ，活動のよさや大切さに気付き，自分たちの遊びや生活をよりよくするようにする。

(3) 自分自身を見つめることを通して，自分の生活や成長，身近な人々の支えについて考えることができ，自分のよさや可能性に気付き，意欲と自信をもって生活するようにする。

2　内容

　1の資質・能力を育成するため，次の内容を指導する。

〔学校，家庭及び地域の生活に関する内容〕

(1) 学校生活に関わる活動を通して，学校の施設の様子や学校生活を支えている人々や友達，通学路の様子やその安全を守っている人々などについて考えることができ，学校での生活は様々な人や施設と関わっていることが分かり，楽しく安心して遊びや生活をしたり，安全な登下校をしたりしようとする。

(2) 家庭生活に関わる活動を通して，家庭における家族のことや自分でできることなどについて考えることができ，家庭での生活は互いに支え合っていることが分かり，自分の役割を積極的に果たしたり，規則正しく健康に気を付けて生活したりしようとする。

(3) 地域に関わる活動を通して，地域の場所やそこで生活したり働いたりしている人々について考えることができ，自分たちの生活は様々な人や場所と関わっていることが分かり，それらに親しみや愛着をもち，適切に接したり安全に生活したりしようとする。

〔身近な人々，社会及び自然と関わる活動に関する内容〕

(4) 公共物や公共施設を利用する活動を通して，それらのよさを感じたり働きを捉えたりすることができ，身の回りにはみんなで使うものがあることやそれらを支えている人々がいることなどが分かるとともに，それらを大切にし，安全に気を付けて正しく利用しようとする。

(5) 身近な自然を観察したり，季節や地域の行事に関わったりするなどの活動を通して，それらの違いや特徴を見付けることができ，自然の様子や四季の変化，季節によって生活の様子が変わることに気付くとともに，それらを取り入れ自分の生活を楽しくしようとする。

(6) 身近な自然を利用したり，身近にある物を使ったりするなどして遊ぶ活動を通して，遊びや遊びに使う物を工夫してつくることができ，その面白さや自然の不思議さに気付くとともに，みんなと楽しみながら遊びを創り出そうとする。

(7) 動物を飼ったり植物を育てたりする活動を通して，それらの育つ場所，変化や成長の様子に関心をもって働きかけることができ，それらは生命をもっていることや成長していることに

気付くとともに，生き物への親しみをもち，大切にしようとする。

(8) 自分たちの生活や地域の出来事を身近な人々と伝え合う活動を通して，相手のことを想像したり伝えたいことや伝え方を選んだりすることができ，身近な人々と関わることのよさや楽しさが分かるとともに，進んで触れ合い交流しようとする。

〔自分自身の生活や成長に関する内容〕

(9) 自分自身の生活や成長を振り返る活動を通して，自分のことや支えてくれた人々について考えることができ，自分が大きくなったこと，自分でできるようになったこと，役割が増えたことなどが分かるとともに，これまでの生活や成長を支えてくれた人々に感謝の気持ちをもち，これからの成長への願いをもって，意欲的に生活しようとする。

第3 指導計画の作成と内容の取扱い

1 指導計画の作成に当たっては，次の事項に配慮するものとする。

(1) 年間や，単元など内容や時間のまとまりを見通して，その中で育む資質・能力の育成に向けて，児童の主体的・対話的で深い学びの実現を図るようにすること。その際，児童が具体的な活動や体験を通して，身近な生活に関わる見方・考え方を生かし，自分と地域の人々，社会及び自然との関わりが具体的に把握できるような学習活動を行うこととし，校外での活動を積極的に取り入れること。

(2) 児童の発達の段階や特性を踏まえ，2学年間を見通して学習活動を設定すること。

(3) 第2の内容の (7) については，2学年間にわたって取り扱うものとし，動物や植物への関わり方が深まるよう継続的な飼育，栽培を行うようにすること。

(4) 他教科等との関連を積極的に図り，指導の効果を高め，低学年における教育全体の充実を図り，中学年以降の教育へ円滑に接続できるようにするとともに，幼稚園教育要領等に示す幼児期の終わりまでに育ってほしい姿との関連を考慮すること。特に，小学校入学当初においては，幼児期における遊びを通した総合的な学びから他教科等における学習に円滑に移行し，主体的に自己を発揮しながら，より自覚的な学びに向かうことが可能となるようにすること。その際，生活科を中心とした合科的・関連的な指導や，弾力的な時間割の設定を行うなどの工夫をすること。

(5) 障害のある児童などについては，学習活動を行う場合に生じる困難さに応じた指導内容や指導方法の工夫を計画的，組織的に行うこと。

(6) 第1章総則の第1の2の (2) に示す道徳教育の目標に基づき，道徳科などとの関連を考慮しながら，第3章特別の教科道徳の第2に示す内容について，生活科の特質に応じて適切な指導をすること。

2 第2の内容の取扱いについては，次の事項に配慮するものとする。

(1) 地域の人々，社会及び自然を生かすとともに，それらを一体的に扱うよう学習活動を工夫すること。

(2) 身近な人々，社会及び自然に関する活動の楽しさを味わうとともに，それらを通して気付いたことや楽しかったことなどについて，言葉，絵，動作，劇化などの多様な方法により表現し，考えることができるようにすること。また，このように表現し，考えることを通して，気付きを確かなものとしたり，気付いたことを関連付けたりすることができるよう工夫すること。

(3) 具体的な活動や体験を通して気付いたことを基に考えることができるようにするため，見付ける，比べる，たとえる，試す，見通す，工夫するなどの多様な学習活動を行うようにすること。

(4) 学習活動を行うに当たっては，コンピュータなどの情報機器について，その特質を踏まえ，児童の発達の段階や特性及び生活科の特質などに応じて適切に活用するようにすること。

(5) 具体的な活動や体験を行うに当たっては，身近な幼児や高齢者，障害のある児童生徒などの多様な人々と触れ合うことができるようにすること。

(6) 生活上必要な習慣や技能の指導については，人，社会，自然及び自分自身に関わる学習活動の展開に即して行うようにすること。

特別の教科 道徳 学習指導要領 (抜粋)

第3章 特別の教科 道徳
第1 目標

　　第1章総則の第1の2の(2)に示す道徳教育の目標に基づき，よりよく生きるための基盤となる道徳性を養うため，道徳的諸価値についての理解を基に，自己を見つめ，物事を多面的・多角的に考え，自己の生き方についての考えを深める学習を通して，道徳的な判断力，心情，実践意欲と態度を育てる。

第2 内容

　　学校の教育活動全体を通じて行う道徳教育の要である道徳科においては，以下に示す項目について扱う。

A 主として自分自身に関すること

	〔第1学年及び第2学年〕	〔第3学年及び第4学年〕	〔第5学年及び第6学年〕
善悪の判断，自律，自由と責任	よいことと悪いこととの区別をし，よいと思うことを進んで行うこと。	正しいと判断したことは，自信をもって行うこと。	自由を大切にし，自律的に判断し，責任のある行動をすること。
正直，誠実	うそをついたりごまかしをしたりしないで，素直に伸び伸びと生活すること。	過ちは素直に改め，正直に明るい心で生活すること。	誠実に，明るい心で生活すること。
節度，節制	健康や安全に気を付け，物や金銭を大切にし，身の回りを整え，わがままをしないで，規則正しい生活をすること。	自分でできることは自分でやり，安全に気を付け，よく考えて行動し，節度のある生活をすること。	安全に気を付けることや，生活習慣の大切さについて理解し，自分の生活を見直し，節度を守り節制に心掛けること。
個性の伸長	自分の特徴に気付くこと。	自分の特徴に気付き，長所を伸ばすこと。	自分の特徴を知って，短所を改め長所を伸ばすこと。
希望と勇気，努力と強い意志	自分のやるべき勉強や仕事をしっかりと行うこと。	自分でやろうと決めた目標に向かって，強い意志をもち，粘り強くやり抜くこと。	より高い目標を立て，希望と勇気をもち，困難があってもくじけずに努力して物事をやり抜くこと。
真理の探究			真理を大切にし，物事を探究しようとする心をもつこと。

B 主として人との関わりに関すること

	〔第1学年及び第2学年〕	〔第3学年及び第4学年〕	〔第5学年及び第6学年〕
親切，思いやり	身近にいる人に温かい心で接し，親切にすること。	相手のことを思いやり，進んで親切にすること。	誰に対しても思いやりの心をもち，相手の立場に立って親切にすること。
感謝	家族など日頃世話になっている人々に感謝すること。	家族など生活を支えてくれている人々や現在の生活を築いてくれた高齢者に，尊敬と感謝の気持ちをもって接すること。	日々の生活が家族や過去からの多くの人々の支え合いや助け合いで成り立っていることに感謝し，それに応えること。
礼儀	気持ちのよい挨拶，言葉遣い，動作などに心掛けて，明るく接すること。	礼儀の大切さを知り，誰に対しても真心をもって接すること。	時と場をわきまえて，礼儀正しく真心をもって接すること。
友情，信頼	友達と仲よくし，助け合うこと。	友達と互いに理解し，信頼し，助け合うこと。	友達と互いに信頼し，学び合って友情を深め，異性についても理解しながら，人間関係を築いていくこと。
相互理解，寛容		自分の考えや意見を相手に伝えるとともに，相手のことを理解し，自分と異なる意見も大切にすること。	自分の考えや意見を相手に伝えるとともに，謙虚な心をもち，広い心で自分と異なる意見や立場を尊重すること。

C 主として集団や社会との関わりに関すること

	〔第1学年及び第2学年〕	〔第3学年及び第4学年〕	〔第5学年及び第6学年〕
規則の尊重	約束やきまりを守り，みんなが使う物を大切にすること。	約束や社会のきまりの意義を理解し，それらを守ること。	法やきまりの意義を理解した上で進んでそれらを守り，自他の権利を大切にし，義務を果たすこと。
公正，公平，社会正義	自分の好き嫌いにとらわれないで接すること。	誰に対しても分け隔てをせず，公正，公平な態度で接すること。	誰に対しても差別をすることや偏見をもつことなく，公正，公平な態度で接し，正義の実現に努めること。
勤労，公共の精神	働くことのよさを知り，みんなのために働くこと。	働くことの大切さを知り，進んでみんなのために働くこと。	働くことや社会に奉仕することの充実感を味わうとともに，その意義を理解し，公共のために役に立つことをすること。
家族愛，家庭生活の充実	父母，祖父母を敬愛し，進んで家の手伝いなどをして，家族の役に立つこと。	父母，祖父母を敬愛し，家族みんなで協力し合って楽しい家庭をつくること。	父母，祖父母を敬愛し，家族の幸せを求めて，進んで役に立つことをすること。
よりよい学校生活，集団生活の充実	先生を敬愛し，学校の人々に親しんで，学級や学校の生活を楽しくすること。	先生や学校の人々を敬愛し，みんなで協力し合って楽しい学級や学校をつくること。	先生や学校の人々を敬愛し，みんなで協力し合ってよりよい学級や学校をつくるとともに，様々な集団の中での自分の役割を自覚して集団生活の充実に努めること。
伝統と文化の尊重，国や郷土を愛する態度	我が国や郷土の文化と生活に親しみ，愛着をもつこと。	我が国や郷土の伝統と文化を大切にし，国や郷土を愛する心をもつこと。	我が国や郷土の伝統と文化を大切にし，先人の努力を知り，国や郷土を愛する心をもつこと。
国際理解，国際親善	他国の人々や文化に親しむこと。	他国の人々や文化に親しみ，関心をもつこと。	他国の人々や文化について理解し，日本人としての自覚をもって国際親善に努めること。

D 主として生命や自然，崇高なものとの関わりに関すること

	〔第1学年及び第2学年〕	〔第3学年及び第4学年〕	〔第5学年及び第6学年〕
生命の尊さ	生きることのすばらしさを知り，生命を大切にすること。	生命の尊さを知り，生命あるものを大切にすること。	生命が多くの生命のつながりの中にあるかけがえのないものであることを理解し，生命を尊重すること。
自然愛護	身近な自然に親しみ，動植物に優しい心で接すること。	自然のすばらしさや不思議さを感じ取り，自然や動植物を大切にすること。	自然の偉大さを知り，自然環境を大切にすること。
感動，畏敬の念	美しいものに触れ，すがすがしい心をもつこと。	美しいものや気高いものに感動する心をもつこと。	美しいものや気高いものに感動する心や人間の力を超えたものに対する畏敬の念をもつこと。
よりよく生きる喜び			よりよく生きようとする人間の強さや気高さを理解し，人間として生きる喜びを感じること。

第3 指導計画の作成と内容の取扱い（略）

◆ 執筆者紹介 ◆

所属・肩書は執筆時のものです

小林 貴史
こばやし たかし

東京造形大学 教授
1961年生まれ。東京学芸大学大学院卒業後、東京都公立中学校（美術科）、東京学芸大学附属大泉小学校、東京造形大学准教授を経て、現職。長年、図画工作教科書編集に携わるとともに、文部科学省各種協力委員会委員を歴任。

北澤 俊之
きたざわ としゆき

東洋大学 文学部教育学科 准教授
1960年生まれ。東京学芸大学大学院卒業後、東京都公立小学校、東京学芸大学附属竹早小学校、筑波大学附属小学校、早稲田実業学校初等部を経て、現職。長年、図画工作教科書編集に携わり、特に鑑賞や総合的な図画工作科の活動分野に造詣が深い。

小林 恭代
こばやし やすよ

千葉大学教育学部附属小学校 教諭
1969年生まれ。千葉大学教育学部卒業後、千葉県公立小学校を経て、現職。図画工作教科書編集に携わり、特に立体、粘土題材に造詣が深く、様々な題材開発にも意欲的に取り組んでいる

大櫃 重剛
おおびつ しげたか

東京学芸大学附属世田谷小学校 教諭
1977年生まれ。東京学芸大学大学院卒業後、東京都公立小学校等を経て現職。図画工作教科書編集に携わる。子どもの想像力と創造力を引き出す、明るく元気な授業には定評がある。

●展開例ご執筆の先生方
（五十音順）

内田 佳代子
（目黒区立緑ヶ丘小学校）

奥山 美香
（板橋区立富士見台小学校）

北川 智久
（筑波大学附属小学校）

柴田 芳作
（狛江市立狛江第一小学校）

髙橋 史樹
（練馬区立開進第一小学校）

平田 耕介
（新宿区立愛日小学校）

堀江 美由紀
（葛飾区立こすげ小学校）

室　恵理子
（杉並区立方南小学校）

吉田 岳雄
（横浜市立二俣川小学校）

よくわかる図画工作科
なっとく新学習指導要領
授業への生かし方

2017年11月6日初版発行
2023年6月30日再版発行

編著者●小林貴史／北澤俊之／小林恭代／大櫃重剛
発行者●開隆堂出版株式会社
　　　　代表者 岩塚太郎
　　　　東京都文京区向丘1丁目13番1号
　　　　https://www.kairyudo.co.jp
印刷者●共同印刷株式会社
　　　　代表者　藤森康彰
　　　　東京都文京区小石川4丁目14番12号
発売元●開隆館出版販売株式会社
　　　　電話 03-5684-6118

表紙デザイン・本文レイアウト　有限会社ゴルゴオフィス

ISBN978-4-304-03113-7